Gloy

Mensch oder Roboter – Natur oder Künstliche Intelligenz?

Karen Gloy

Mensch oder Roboter

Natur oder Künstliche Intelligenz?

Königshausen & Neumann

Bibliografische Information der Deutschen Nationalbibliothek

Die Deutsche Nationalbibliothek verzeichnet diese Publikation in der Deutschen Nationalbibliografie; detaillierte bibliografische Daten sind im Internet über http://dnb.d-nb.de abrufbar.

Gedruckt auf säurefreiem, alterungsbeständigem Papier
Umschlag: skh-softics / coverart

Printed in Germany

ISBN 978-3-8260-8629-8
eISBN 978-3-8260-8630-4

www.koenigshausen-neumann.de
www.ebook.de
www.buchhandel.de
www.buchkatalog.de

Inhalt

Einleitung: Unser Zeitalter – eines der KI-Forschung

Sollte oder wollte man unser Zeitalter charakterisieren, so würde man es als eines der Künstlichen Intelligenz bezeichnen, so wie man vergangene Zeitalter als griechische Antike, als römische Imperium, als mittelalterliche Theologie, als Renaissance und Wiedergeburt der Antike, als Neuzeit, merkantiles oder industrielles Zeitalter u.ä. bezeichnet hat, unter welchen Kategorien auch immer. Typisch für die Gegenwart ist die KI-Forschung.

Landauf, landab in Rundfunk, Fernsehen, Zeitungen, in sozialen Medien, in Round-table-Gesprächen beherrscht KI die Schlagzeilen. Massenhaft werden Bücher auf den Markt geworfen mit Titeln wie *Homo ex machina: Der Mensch von morgen*[1], *Schöner neuer Mensch*[2], *Transhumanismus*[3], *The AI Toolbook. Mit Künstlicher Intelligenz die Zukunft sichern: das unverzichtbare Arbeitsbuch für Macher, Entscheider und Innovatoren*[4], *Natürlich alles künstlich – was Künstliche Intelligenz kann und was (noch) nicht*[5], *Künstliche Intelligenz und der Sinn des Lebens*[6], *Künstliche Intelligenz und Empathie*[7] *Ethik in KI und Robotik*[8], *Die autonome Revolution. Wie selbstfahrende Autos unsere Welt erobern*[9] usw., die zwar selten fundiertere, tiefergründige Forschungsergebnisse bieten, sondern mehr Klischees wiedergeben und sich an den immer wiederkehrenden frappanten Beispielen selbststeuernder Autos und Flugzeuge, KI abgefasster wissenschaftlicher Arbeiten oder futurologischer Konzepte einer neuen Welt mit Robotern, Cyberspacewesen und Androiden delektieren und ihr Erstaunen über die menschlichen Fähigkeiten und Ergebnisse zum Ausdruck bringen.

1 Bernd Kleine-Gunk, Stefan Lorenz Sorgner,: *Homo ex machina*. Der Mensch von morgen. Chance und Risiken des Transhumanismus, München 2023.

2 Stefan Lorenz Sorgner: *Schöner neuer Mensch*, Berlin 2018.

3 Stefan Lorenz Sorgner: *Transhumanismus*. „Die gefährlichste Idee der Welt?", Freiburg 2016.

4 Alessandro Brandolisi, Michael Leitl, Karel J. Golta: *AI Toolbook. Mit Künstlicher Intelligenz die Zukunft sichern*. Das unverzichtbare Arbeitsbuch für Macher, Entscheider und Innovatoren, Hamburg 2021.

5 Philip Häusser: *Natürlich alles künstlich* – Was Künstliche Intelligenz kann und was (noch) nicht – KI erklärt für alle, München 2021.

6 Richard David Precht: *Künstliche Intelligenz und der Sinn des Lebens*, München 2020.

7 Christoph Bartneck, Christoph Lütge, Alan R. Wagner, Sean Welsh: *Ethik in KI und Robotik*, München 2019.

8 Catrin Misselhorn: *Künstliche Intelligenz und Empathie*. Vom Leben mit Emotionserkennung, Sexrobotern & Co., Ditzingen 2021.

9 Andreas Herrmann und Walter Brenner: *Die autonome Revolution*. Wie selbstfahrende Autos unsere Staßen erobern, Frankfurt a. M. 2018.

Gegenwärtig erleben wir eine solche Rasanz in der Entwicklung der Digitalisierung und KI-Forschung, dass selbst Entwickler dieser Technologie sich überfordert fühlen und die Sistierung der Forschung für ein halbes Jahr in Erwägung gezogen haben, um wieder zu einer Orientierung zu finden. Man hält eine Verschnaufpause für notwendig, um zu erwägen, ob dieser auf Rationalität aufgebaute Prozess noch sinnvoll und nützlich ist für die Menschheit oder ihre Verdrängung bzw. ihren Untergang nur beschleunigt. Obgleich es eine Technikkritik schon seit den Anfängen der technischen Entwicklung gibt – sie kommt bereits in dem alttestamentlich überlieferten Bericht vom Turmbau zu Babel zum Ausdruck, demzufolge der Mensch durch die Errichtung eines in den Himmel ragenden Baus seine Gottgleichheit demonstrieren wollte, was als Ausdruck seiner Hybris empfunden wurde, oder in dem griechischen Drama von Aischylos *Die Perser*, in welchem der Perserkönig Xerxes seine Hybris gegenüber den Göttern dadurch demonstriert, dass er dem Meergott Poseidon bei der Überquerung des Hellespont eine Floßbrücke auf den Nacken legt, oder in dem Mythos von Dädalus und Ikarus, die ein Fluggestell bauten und mit Wachs verklebten, was in der Sonne schmolz und sie herabstürzen ließ –, taucht die Kritik heute in besonders gravierender Weise wieder auf, da der Mensch mit seinen gegenwärtigen Möglichkeiten: der Atomkraft einerseits, der KI-Forschung andererseits, die Fähigkeit zur Selbstvernichtung hat: mit der atomaren Energie zur Selbstauslöschung, mit der KI zur Schaffung artifizieller Menschen, Roboter, die ihm intellektuell überlegen sind und ihn im Existenzkampf zu besiegen und zu vernichten drohen.

Die Grundlagen dieser Technologie sind in der Antike mit der griechischen Philosophie gelegt worden und haben seither das gesamte weitere abendländische Denken bestimmt und den Entwicklungsgang bis heute bis zur KI-Forschung als einen technologischen geprägt, so dass man den gesamten Kulturprozess des Westens einen technisch-technologischen nennen kann. Er unterscheidet sich damit gravierend von den Kulturen des Ostens und Fernen Ostens, die in der Vergangenheit andere Richtungen verfolgt haben. Damit soll nicht behauptet werden, dass es in anderen Kulturen keine technischen Entdeckungen und Entwicklungen gegeben hätte. Ganz im Gegenteil, auch andere Kulturen, insbesondere die altägyptische, die altindische, die fernöstliche (China, Japan, Korea), haben hohe Kulturleistungen erbracht wie die Erfindung der Schrift, der Zählmethode, der Errichtung von Steinbauten wie in Städten im Industal und von Riesenbauten wie Umfassungsmauern, Brücken, Tempeln und Palästen im Zweistromland oder der Pyramiden in Ägypten, deren Bauweise uns bis heute ein Rätsel aufgibt. Die Erfindung des Wagenrades war eine der bedeutendsten und wichtigsten Erfindungen der Fortbewegung, die im südindischen Tempel von Konorak zur sakralen Darstellung des Sonnenwagens zu Ehren des hinduistischen

Sonnengottes Surya geführt hat. Dennoch unterscheiden sich diese Kulturen grundlegend von der abendländisch-europäischen, da ihr Hauptgewicht nicht auf Technik und Technologie und deren Entwicklung lag, die von ihnen vielmehr erst in der Moderne übernommen wurden, dann jedoch wie in Amerika, China und Japan weitaus rasanter ausgebaut wurden als im alten Europa. Diese Länder sind heute führend in der KI-Forschung und der gesamten Umstellung des Lebens auf digitale Technik. China will nach einer Rede Xi Jinpings bis 2030 voll digitalisiert sein, bis 2035 globale Standards für das ‚Internet der Dinge' und andere neue Technologien setzen und bis Mitte des Jahrhunderts führende High-Teck-Nation werden.

Das Interesse der genannten Länder galt vielmehr dem Menschen und seiner geistig-spirituellen Entwicklung. Typisch für die indische Kultur war die meditative Praxis, die Verinnerlichung und Versenkung, die Formung des Bewusstseins und Selbstbewusstseins bis hin zum Regress auf den Seinsursprung. Im Fernen Osten, in Buddhismus und Taoismus, war das Ziel die Ruhigstellung bzw. die Ausschaltung der Begierden und Triebe, deren Nichtrealisierung Leid und Schmerz verursacht und die daher möglichst zu unterdrücken oder zu überwinden waren durch moralisch fundierte Praktiken der körperlichen und psychischen Beherrschung. Kurzum, hier ging es um die lebenspraktische Gestaltung individueller und sozialer Art mit Verzicht und Selbstbeherrschung,

Im Gegensatz dazu hat die westlich abendländische Philosophie und Wissenschaft und die ihr zugrunde liegende Gesinnung stets auf die intellektuelle Ausbildung des Menschen gesetzt, auf Logik und Mathematik. Thema war nicht so sehr das Sein und Leben als solches, vielmehr deren rationale Strukturen, wie sie in den Strukturerkenntnissen von Logik und Mathematik vorliegen. Rationalität war das Zauberwort. Nicht zufällig hat Jacques Derrida der gesamten westlichen Geschichte den Vorwurf des Logozentrismus gemacht[10] und die Betrachtung der Natur ausschließlich unter logisch-mathematischen Strukturen, auf denen Technik und Technologie mitsamt der KI basieren, kritisiert.

Bevor auf die Differenzen der abendländischen Philosophie und technisch-technologischen Entwicklung in Abhebung von anderen Kulturen mit ihrer Pflege des individuellen und gesellschaftlichen Lebens eingegangen werden kann, müssen die Wurzeln der Technik in der abendländische Philosophie freigelegt werden mit den relevanten Begriffen: Vernunft, Verstand und Technik. Dies soll in einem ersten Kapitel geschehen. Da auf ihrem Verständnis die technische Entwicklung basiert, soll sich ein Kapitel über die Technikgeschichte bis hin zu KI anschließen, um dann in einem weiteren

10 Vgl. Jacques Derrida: *Grammatologie* (Titel der Originalausgabe: *De la grammatologie*, Paris 1967), aus dem Französischen von Hans-Jörg Rheinberger und Hanns Zischler, Frankfurt a. M. 1974, S. 11.

Kapitel auf die fundamentalen Differenzen zu anderen kulturellen Konzepten wie denen des Ostens und Fernen Ostens einzugehen.

In einem zweiten Teil des Buches soll der Logik genauer nachgegangen werden. Heute besteht die überwiegende Meinung darin, dass nur *eine* Logik, die aristotelische, die auf dem Satz des auszuschließenden Widerspruchs basiert, globale Gültigkeit habe,[11] und dies trotz aller Weiterentwicklung der aristotelischen Logik in Mittelalter, Neuzeit und Moderne zur Modallogik, zur epistemischen, deontischen und fuzzy set-Logik. Demgegenüber möchte ich durch umfangreiche kulturelle Analysen den Beweis antreten, dass es eine Pluralität von Logiktypen gibt: Onomastik, Spezifikations- und Klassifikationsmethode, Dialektik, Fragmentale Geometrie und KI mit je unterschiedlichen Vernetzungen. Auf dieser Basis lässt sich dann auch das Verhältnis der Logik zum Mythos, der Erzählung, der Sage, dem Märchen klären, in denen die Emotionalität des Menschen, seine Sinnesempfindungen, seine Empathie oder Antipathie, seine Stimmungen, seine Befindlichkeit, kurzum seine Gemütszustände zum Ausdruck kommen. Darüber hinaus haben Mythen die Funktion, die für ein Volk verbindliche Weltdeutung zu liefern, welche sich in sozialen Institutionen, Ständen (Klassen) und Verhaltensweisen, in Sitten und Gebräuchen spiegelt und die Umgangsformen einer Kultur artikulieren. Während sich in der Logik nur ein Teil des Menschseins niederschlägt, findet im Mythos der ganze Mensch seinen Ausdruck.

Erörtert werden soll die Möglichkeit der rationalen Transformation von Mythen in mathematisch-logische, rationale Strukturen durch konsequente Anwendung von KI. Da digital die mathematisch-logischen Strukturen in binäre Codes von Eins und Null und in bestimmte logische Operationen und deren Kombination aufgelöst werden, geht der Anspruch dahin, die natürliche organische Welt, wie sie auch in Mythen vorliegt, in eine rein artifizielle, postbiologische Welt zu überführen und damit der Hybris des Menschen, gottgleich zu werden, Vorschub zu leisten. Damit wird die Frage virulent, ob sich Mythen totaliter in Logik mittels KI auflösen lassen oder nur approximativ, so dass stets ein Rest unauflösbarer Andersheit und Emotionalität bleibt. Die Darstellung kann nur als ein erster Schritt der Auflö-

11 Vehementer Vertreter ist Gregor Paul: *Konzepte der Kritik und der kritischen Diskussion im älteren Konfuzianismus. Thesen zur Entwicklung eines universalen Rationalitätsbegriffs*, in: *Conceptus*, Bd. 20, Nr. 50 (1986), S. 7-30; ders.: *Equivalent Axioms of Aristotelian*, or Traditional European, and later Mohist Logic, in: Hans Lenk und Gregor Paul (Hrsg.): *Epistemological Issues in Classical Chinese Philosophy*, New York, 1993, S. 119-135; ders.: *Argumente für die Universalität der Logik.* Mit einer Darstellung äquivalenter Axiome aristotelischer Syllogistik, spätmohistischer Logik und buddhistischer Begründungstheorie, in: *Horin*, Nr. 1 (1994), S. 57-86; ders.: *Logik, Verstehen und Kulturen*, in: Notker Schneider, Ram Adhar Mall und Dieter Lohmann (Hrsg.): *Einheit und Vielheit.* Das Verstehen der Kulturen (*Studien zur interkulturellen Philosophie*, Bd. 9), Amsterdam 1998, S. 111-132.

sung betrachtet werden, dem weitere folgen müssten. Die Problematik totaler oder partialer Auflösung aber bleibt dieselbe auf jeder Stufe.

Von hier legt sich die Frage nach der Herrschaft des Menschen über die Natur oder nach seiner letztlichen Dependenz von dieser nahe, welche das Thema des letzten Teils des Buches bilden soll. Besitzt der Mensch mit KI die Macht, die Natur total seinen Rationalitätsstrukturen zu unterwerfen, oder bleibt stets ein Rest der Abhängigkeit, so dass Demut gegenüber der Natur angesagt ist. Damit wird zugleich ein ethisches Thema angeschnitten. Da KI mit dem angeblichen Heilsversprechen auftritt, die natürliche Welt in eine künstliche zu transformieren, bleibt zu fragen, ob dies Heil oder Unheil bedeutet.

I. Teil: Künstliche Intelligenz im Kontext

1. Kapitel: Vernunft und Verstand (νοῦς und διάνοια)

Zunächst sind die Grundstrukturen unserer abendländischen Entwicklung zu eruieren, und hier kommen Begriffe wie Vernunft/Vernünftigkeit und Verstand/Verständigkeit ins Spiel, die seit der griechischen Antike unter dem Namen νοῦς und διάνοια bekannt sind, in römischer Zeit als *intellectus* (deutsch Einsicht) und *ratio* (Begründung, Angabe von Gründen) abgehandelt werden und heute als Vernunft/Vernünftigkeit und Verstand/Verständigkeit auftreten. Zwar sind diese Begriffe durchaus nicht immer in der Geschichte in gleicher Weise definiert worden, oft sogar gegensätzlich. Nicht selten wurden sie vertauscht oder für dieselben Sachverhalte verwendet, was auf eine oft mangelhafte Klärung zurückzuführen ist. Sie haben selbst eine Geschichte durchgemacht, deren einzelne Stadien jeweils zu klären sind. Obgleich der lateinische Begriff *intellectus* ursprünglich ‚Einsicht', ‚geistige Schau' im Sinne einer zusammenfassenden, einheitlich komplexen Gewahrung bedeutet[12] und *ratio* ‚Grund' und ‚Begründung', ‚Ausweis aus einem anderen' und damit ein relationales Vermögen bezeichnet, hat gerade in der klassischen deutschen Philosophie *intellectus* auch die entgegengesetzte Verwendung gehabt als untergeordnetes relationales Vermögen, als Denken, und *ratio* als übergeordnetes, voraussetzungsloses, letztbegründendes Prinzip im Sinne von Vernunft, in welchem man auch von einem *principium rationis sufficientis* spricht. Und was im Namen der Aufklärung als ‚Vernunft' angebetet wurde, bezeichnete der Rationalismus, der in seinem Titel explizit die Ratio hervorhebt und gemäß seiner Selbstdefinition auf der Ratio als höchstem Prinzip basiert, nicht als Vernunft, sondern als Ratio. Die leichte Vertauschbarkeit macht die Zusammengehörigkeit beider Begriffe verständlich, was erklärt, dass der von Aristoteles gebrauchte Begriff zur Definition des Menschen als *animal rationale* beide Bedeutungen abdeckt: Vernünftigkeit und Verständigkeit.

Allerdings hat man sich in der philosophischen, speziell deutschen Tradition daran gewöhnt, die Kantische Festlegung als verbindlich zu akzeptieren. In Anlehnung an Christian Wolff unterscheidet Immanuel Kant im (theoretischen) Vernunftgebrauch Vernunft als höheres Vermögen vom Verstand als niederem. Während sich der Verstand auf die Sinnlichkeit bezieht, um Erkenntnis abzugeben, welche in Verstandes- und Naturgesetzen formuliert wird, bezieht sich die Vernunft als höheres Vermögen auf die Verstandesgesetze und ihre unendliche Applikabilität. Da das Ganze, die Totalität,

12 Vgl. *intellectus archetypus* = ‚göttliche Vernunft'.

jedoch für ein endliches Wesen wie den Menschen unerreichbar ist, bleibt die Erweiterung und Systematisierung zum Ganzen ein Vernunftideal. Während Verstandeserkenntnisse bestimmt und begrenzt sind, fungieren Vernunfterkenntnisse regulativ als Leitfäden der Erkenntniserweiterung.

Wie immer das Verhältnis von νοῦς und διάνοια und ihren Surrogaten ausgelegt werden mag – Definitionen sind konventionalistische Festlegungen, die von Epoche zu Epoche und von Region zu Region wechseln –, betont wird mit den beiden Komponenten das Geistig-Intellektuelle, das sich in der Akzentuierung des Denkens niederschlägt und das Charakteristikum des Abendlandes ausmacht im Unterschied zur Mystik des Ostens oder der Sinnlichkeit und Bewegtheit der afrikanischer Kultur. Dieser Charakter unterscheidet die abendländische Kultur gravierend von anderen Kulturen, die andere Prinzipien favorisieren. Bevor hierauf näher eingegangen werden kann, erscheint es ratsam, der ursprünglichen Bedeutung der beiden thematischen Begriffe nachzugehen und auf ihre ursprüngliche griechische Bedeutung zu rekurrieren, da die anfängliche Intention oft am aussagekräftigsten ist.

Die Begriffe νοῦς und διάνοια sind ein Erbe der altgriechischen Philosophie und Wissenschaft. Der Begriff νοῦς hatte ursprünglich durchaus nicht die Bedeutung, die ihm im Laufe der Geschichte zugesprochen wurde, in der er zu einem reinen Vernunftbegriff avancierte im Gegensatz zur sinnlichen Wahrnehmung. Ursprünglich bedeutete er ein sinnliches Schnuppern, Wittern, was aus einer erschlossenen Form *σνόφος = ‚schnüffeln' abgeleitet wird.[13,14]

Sinnliches Schnuppern, Erspüren bedeutet ‚etwas in Beziehung auf seine Umwelt bestimmen und herausgreifen'. Weder meint dies bereits die (begriffliche) Identifizierung eines einzelnen als einzelnen, noch die (begriffliche) Abhebung von einem Ganzen, Umgebenden, vielmehr geht es um ein unmittelbares, vorbegriffliches Verhältnis von etwas zu seiner Umgebung, ähnlich wie Martin Heidegger[15] in *Sein und Zeit* bei der Definition des Daseins des Menschen ein Seins- und Selbstverhältnis angibt oder Gernot Böhme[16], klarer noch, ein „Sichbefinden [des Menschen] in Umwelten". Entsprechend möchte ich aus der ursprünglichen Bedeutung dieses Wahrnehmens ein Heraustreten eines etwas aus seiner Umgebung und eine Beziehung auf

13 Vgl. Englisch *to sniff.*

14 Nach einer zweiten Forschungsmeinung soll νοῦς / νοεῖν auf νέομαι und νόστος zurückgehen mit der Bedeutung ‚zurückkehren', ‚Rückkehr' und ursprünglich auf die indogermanische Wurzel *nes*, die eine Rückkehr von Tod und Dunkelheit meint, vgl. James H. Lesher: *The Meaning auf ΝΟΥΣ in the Posterior Analytic*, in: *Phronesis,* Bd. 18 (1973), S. 44-68, bes. 47 f (dort auch eine kurze Forschungsübersicht).

15 Martin Heidegger: *Sein und Zeit*, 18. Aufl. Tübingen 2001, S. 12.

16 Gernot Böhme: *Für eine ökologische Naturästhetik*, Frankfurt a. M. 1989, S. 9.

diese Umgebung herauslesen. Homer sagt an einer Stelle der *Ilias* 15,422: „Ἕκτωρ [...] ἐνόησεν [...] ὀφθαλμοῖσιν" (Hektor wurde gewahr mit Augen)[17], was einerseits die Ebene der sinnlichen Wahrnehmung betont, andererseits das unmittelbare bedeutungsorientierte Gewahren von etwas, das Heraustreten eines etwas aus seiner Umgebung und das Innewerden desselben, allerdings noch nicht in begrifflicher Bestimmung. Der ursprüngliche Begriff zielt auf ein ganzheitliches Gewahren, das noch indifferent ist gegenüber einer strikten Differenz von sinnlichem und geistig-begrifflichem Gewahren, so dass beides noch verschmilzt. Erst die weitere Entwicklung hat zur Abhebung des geistigen Gewahrens von der sinnlichen Wahrnehmung geführt.

Bei Parmenides werden νοῦς und νοεῖν verstanden als ein rein geistiges Vernehmen, als eine holistische Schau, nicht als ein distinktes Denken, welches als διάνοια oder διανοεῖσθαι davon abgetrennt wird. Τὸ γὰρ αὐτὸ νοεῖν ἐστίν τε καὶ εἶναι, lautet Parmenides' Kernaussage.[18] Obwohl wir diese gewöhnlich übersetzen mit „Denn dasselbe ist Denken und Sein", meint die Stelle genauer „Denn dasselbe ist geistiges Wahrnehmen und Sein".

Platon, auf den die meisten der in der abendländischen Philosophie gebräuchlichen Begriffe zurückgehen, ordnet das νοεῖν der geistigen Schau zu und versteht darunter das geistige Erfassen und Einsehen, das Schauen des Ideellen. In der *Politeia* versucht er, seine Ontologie und Epistemologie anhand eines Gleichnisses, des Liniengleichnisses, zu demonstrieren, indem er sich eine senkrechte Linie quaternal eingeteilt denkt. Dem unterstem Teil ordnet er auf der ontologischen Seite die Schatten und Abbilder der Gegenstände zu, dem anschließenden, immer noch unteren Teil die Gegenstände selbst, und entsprechend auf der epistemologischen Seite die Abbild-Erkenntnis (εἰκασία) und die empirische Erkenntnis (πίστις). Auf dem oberen Teil der Linie siedelt er, den jeweiligen Abschnitten entsprechend, ontologisch die Mathematika und die Ideen an. Auffälligerweise jedoch geht er bei der definitorischen Festlegung der Gegenstände auf Seiten der Ontologie von der epistemologischen Methode des Umgangs mit ihnen aus, der διάνοια, die er als den Weg hinab und den Weg hinauf beschreibt. Während ersterer von Hypothesen ausgeht und hinabsteigt zu den empirischen Gegenständen, wobei die Verwendung von Bildern und anschaulichen Figuren in der Mathematik den Anschluss an die empirischen Gegenstände plausibilisieren soll, steigt die andere Methode von den Hypothesen auf zu immer höheren allgemeineren Hypothesen bis zu einem absoluten Grund von al-

17 Homer: *Ilias*, griechisch - deutsch, verantwortlich für den griechischen Text Eduard Schwartz, Bearbeiter der klassischen Übersetzung von Johann Heinrich Voss, E. R. Weiss und Hans Rupé, Abstimmung des griechischen und deutschen Textes Martin Bertheau, hrsg. von Bruno Snell, Berlin, Darmstadt 1956, wiederholte Aufl. 1966, S. 265/266.

18 Parmenides, frag. 3 (*Die Fragmente der Vorsokratiker*, griechisch und deutsch von Hermann Diels, hrsg. von Walther Kranz; Bd. 1, 18. Aufl. Hildesheim 1989, S. 231).

lem, der nicht mehr selbst aus Hypothesen ableitbar ist, sondern diese insgesamt fundiert. Beide Operationen sind dianoetisch und bezeichnen den denkenden Umgang mit den Gegenständen, das Begründen, dies sowohl im Sinne der Deduktion von etwas aus anderem wie der Reduktion von etwas auf anderes. Das Höchste aber ist die geistige Schau (geistige Wahrnehmung), das νοεῖν der Ideen, d.h. die Wesenserfassung der Dinge. Wie weit diese geistige Schau bereits begrifflich differenzierend und spezifizierend ist oder nur konstatierend, bleibt unklar. Einerseits muss die Erfassung des Wesens bestimmter Dinge im Unterschied zum Wesen anderer bestimmter Dinge begrifflich differenzierend sein, andererseits betont der Gebrauch des Ausdrucks νοεῖν den anschauenden, einheitlich zusammenfassenden Charakter. Das gilt nicht nur für das höchste Prinzip überhaupt, die ἰδέα τοῦ ἀγαθοῦ, die nur Geschautes sein kann, da sie das Allgemeinste darstellt, das nicht mehr aus anderem deduzierbar ist. Da das Liniengleichnis mit dem Höhlengleichnis parallel läuft und dieses den Aufstieg aus der Unterwelt der Höhle zur Oberwelt der Sonne und das Erblicken derselben nachzeichnet, geht aus diesem Gleichnis deutlicher noch hervor als aus dem Liniengleichnis, dass wir zwar im Licht der Sonne sehen und die Dinge erkennen, das Licht selbst aber nicht sehen, da es Voraussetzung des Sehens ist. Die Sonne bzw. das Licht (griechisch φῶς) ist Ermöglichungsgrund von allem, der Erkenntnis wie des Wachstums und des Lebens, kann aber selbst nicht erkannt werden, weil in ihm Erkanntes und Erkenntnis transzendiert werden oder, wie man auch zu sagen pflegt, in einer *coincidentia oppositorum* zusammenfallen.

Auffällig ist weiterhin, dass der νοῦς, nicht die διάνοια, als unsterblich gilt und abhebbar vom übrigen Seelengefüge ist. In seiner Psychologie unterscheidet Platon drei Teile, von denen der unterste den begehrenden Teil (ἐπιθυμητικόν) ausmacht, der mittlere den energischen, mutigen (θυμοειδές) und der oberste den geistigen Teil (νοητικόν), der über die anderen Vermögen herrschen soll. Auf der einen Seite fallen die Vermögen des oberen Teils, Vernunft und Denken, zusammen, auf der anderen sind sie zu unterscheiden, was man sich nur so erklären kann, dass der νοῦς, die Vernunft, ein unvergängliches Vermögen ist, während die διάνοια, das Denken, seine Operationen ausmacht, die entstehen und vergehen und damit vergänglich sind. Dieses Konzept erklärt zugleich, dass der νοῦς mit seiner internen rationalen Ordnungsstruktur als ontologisches wie kosmologisches Prinzip angesetzt werden konnte, um die Vernünftigkeit und Verständlichkeit (Rationalität) der Welt zu erklären, was griechische Grundüberzeugung war und später von der christlichen Tradition fortgesetzt wurde. Alles ist sinnvoll durchdacht und zweckmäßig eingerichtet, indem das eine auf das andere und dieses wieder auf ein anderes verweist und letztlich alles auf eine Einheit in der Vielheit hinausläuft. Darin wurde die Weisheit Gottes erblickt.

Die christlichen Ikonographie stellte Gott häufig über einer Weltkugel thronend und diese mit dem Zirkel vermessend dar, so auf dem berühmten Gemälde von William Blake *The Ancient of Days* (1794) oder auf dem nicht weniger bekannten Klosterbild von Lippoldsberg, auf dem Gott sich über den Kosmos mit einem Zirkel beugt und diesen vermisst entsprechend dem viel zitierten Bibelwort *Sapientia* 11,21: „Aber du hast alles geordnet mit Maß, Zahl und Gewicht." Es ist die mittelalterliche und Renaissance-Vorstellung von Gott als dem Weltenbaumeister und Architekten, die sich fortsetzt in den Freimaurersymbolen von Zirkel und Winkelmaß. Diese Darstellungen sollen zugleich die Weisheit Gottes dokumentieren.

Genauer besehen handelt es sich bei dem νοῦς ursprünglich um ein Bewegungsprinzip, einen Wirbel, der in einer Rotation die einzelnen verstreuten Teile des Kosmos zur Einheit zusammenfasst. Dieses vitale, den Kosmos bestimmende Prinzip rechtfertigt die griechisch-platonische Auffassung vom Kosmos als ζῷον, als einem Lebendigen oder Lebewesen, das einen großen Organismus darstellt (*Timaios* 30 b; 31 b).[19]

Auf der anderen Seite besteht der griechische Ordnungsgedanke in dianoetischen, d.h. gedanklich erfassbaren, logisch-rationalen und geometrisch-mathematischen Strukturen, die eine exakte Erkenntnis gestatten.

Die griechische Rationalität basiert auf Logik und Mathematik, was für die gesamte weitere europäische Geschichte von Relevanz ist. Diese rationale, logisch mathematische Ordnungsstruktur, die in diversen Proportionen besteht, wie sie beispielsweise von Platon in den Analysen zum Aufbau des Kosmos im *Timaios* (34 a ff.) geschildert werden oder wie sie aus der Harmonielehre der griechischen Musiktheorie und insbesondere der kosmischen Sphärenharmonie hervorgehen, ebenso aus den Darstellungen des pythagoreischen Lambda, erklärt die Beziehung des νοῦς und seiner Internstruktur zur Ästhetik und zum griechischen Schönheitsverständnis, dem Harmoniebegriff, ebenso die Beziehung zur Ethik und zum Begriff des Guten. Zusammengefasst sind sie im Kalokagathia-Begriff, der den νοῦς mit Schönheit, Gutheit und Wahrheit verbindet. Diese Charakteristik des νοῦς als Ordnungsbegriff erklärt das Verständnis der Schönheit als Ordnung, die typisch ist für die europäische Kunstgeschichte bis in die nahe Gegenwart, denn Chaos, Unordnung, war den Griechen ein Greuel. Erst in der Moderne wurde der Begriff abgelöst durch den einer auch hässlichen oder neutral experimentierenden Kunst.

Da mit dem Begriff der Struktur die Auffassung einer Konstruktivität einhergeht, gleichgültig, ob diese Konstruktion ontologisch objektiv im Sein vorgegeben ist (die Meinung der Antike) oder subjektiv seitens des Subjekts in das Sein hineingelegt wird (die Meinung der Neuzeit), verbindet sich mit

19 Vgl. S. 64 dieser Arbeit.

ihr zugleich der Gedanke, dass etwas Indifferentes, Diffuses, Ungeordnetes, die Materie, unter eine Struktur gebracht wird. Dieser Herrschaftsgedanke der Struktur über die Materie, der in dieser Konzeption angelegt ist, bestimmt auch ethisch die gesamte weitere europäische Geschichte. Dominanz der Vernunft, sei es über die Materie, sei es über die Sinnlichkeit, ist griechisches Erbe, was erst mit Friedrich Nietzsches Umwertung aller Werte infrage gestellt wurde und die Moderne einleitete.

In der platonischen Psychologie stellt sich die Herrschaft der Vernunft über die Sinnlichkeit so dar, dass gemäß der triadischen Einteilung der Seele der obere, höchste Teil, das νοητικόν, über den unteren, niederen Teil, die Begierden (ἐπιθυμητικόν), herrscht mit Hilfe des mittleren Teils, des mutigen (θυμοειδές). Im *Phaidros* (246a, 253c ff) hat Platon dies eindrücklich anhand des Bildes eines Rosselenkers, des νοῦς, demonstriert, der einen Wagen mit einem Rossegespann zu lenken hat, bestehend aus einem zahmen, sanften, gutwilligen Pferd (θυμός) und einem wilden, ungezügelten und ungestümen (ἐπιθυμητικόν). In diesem Gleichnis kulminiert der Gedanke von der Herrschaft der Vernunft über die Begierden und Triebe, die den niederen Teil der Seele ausmachen. Die Herrschaft gelingt jedoch nur, wenn der Lenker sich der Unterstützung der gutwilligen Eigenschaften und Kräfte der Seele gewiss sein kann. Zugleich offenbart sich hierin die Fragilität der Herrschaft der Vernunft unter schlechten Voraussetzungen, die eine Perversion und Korruption der Herrschaft nicht ausschließen. Das Christentum hat dies später so ausgedrückt, dass der Wille zwar stark sein kann, das Fleisch jedoch schwach. Ein Drogenabhängiger beispielsweise kann sein Übel und seine Abhängigkeit sehr wohl einsehen und für verwerflich halten, die reine Einsicht befähigt ihn noch nicht zur Umkehr, hinzukommen muss die Willensenergie.

Die platonische Konzeption hat den Vorteil, mit dieser Herrschaft des νοῦς und seiner rational logischen Struktur die Einheit von Erkenntnistheorie, Ästhetik und Ethik erklären zu können, was anderen Ethiken nicht gelingt oder nur schwer, wie der Gesinnungs- und der Verantwortungsethik. Selbst die Kantische Konzeption der reinen Vernunft und ihr Sittlichkeitsprinzip, der kategorische Imperativ, versagen diesbezüglich.

Die platonische Konzeption durchzieht im Wesentlichen die gesamte weitere abendländische Philosophiegeschichte bis zur Moderne. Auch Immanuel Kant unterscheidet hinsichtlich der Vernunft zwischen theoretischer und praktisch-ethischer, die er in der ästhetischen Urteilskraft als einem Gesamtvermögen zu verbinden versucht. Während der Verstand als Internvermögen der Vernunft sich auf die Sinnlichkeit bezieht und die Sinnesdaten zusammenfasst zu Erkenntnissen, fasst die Vernunft die Erkenntnisse der Gebiete von Welt, Seele und Gott zu den Ideen von Welt, Seele und Gott zusammen, ohne ihnen jedoch denselben Gewissheitsgrad verschaffen zu können wie den Verstandeserkenntnissen, da die Vernunftschlüsse auf die letztlich unerkennbare Totalität hinauslaufen. Die praktische Vernunft, welche die Ethik begründet, ist bei Kant durch den kategorischen Imperativ bestimmt: „Handle so, daß die Maxime deines Willens jederzeit zugleich als Prinzip einer allgemeinen Gesetzgebung gelten könne“[20], der ebenfalls einen Herrschaftsanspruch über die ausufernden sinnlichen Begierden ausdrückt, jedoch anders als bei Platon nicht durch die Einheit der Vernunft erklärt werden kann. Daher kommt bei Kant der ästhetischen Urteilskraft die Aufgabe zu, beide Vernunftteile zu verbinden durch einen klassifikatorischen Systemgedanken.

Auch Georg Wilhelm Friedrich Hegel bleibt der Unterscheidung von Verstandeserkenntnissen und deren Zusammenfassung in der absoluten Vernunft treu, unterscheidet sich jedoch von Kant durch die Unterstellung einer Objektivität des Prozesses gegenüber der Kantischen Subjektivität. Das spekulative Vernunftvermögen, auch absoluter Geist oder Gott genannt, ist für ihn das Absolute, das in einer Bewegung ständig aus seiner Einheit herausgeht in die Vielheit und Differenz der Erkenntnisse und über diese zu sich als Einheit zurückkehrt. Dies berechtigt Hegel zu der Ansicht, dass die Welt insgesamt vernünftig sei. Man mag sich darüber wundern, dass Hegel auch den Geschichtsverlauf trotz seiner Kontingenz, seiner Kriege, seiner Gewalt und Greueltaten für vernünftig hält. Dies erklärt sich aus der Voraussetzung der Absolutheit und Göttlichkeit der Vernunft, die sich in der Geschichte auslegt. Wer die Geschichte vernünftig betrachtet, auf den – so Hegels These – schaut sie auch vernünftig zurück.

Diese These konnte im 20. Jahrhundert aufgrund der Erfahrung von Kolonialismus und Imperialismus, den Schrecken zweier Weltkriege und der Grausamkeit und Unmenschlichkeit des Holocaust mit der Vernichtung von Millionen von Juden in Gaskammern nicht mehr aufrechterhalten werden. Diese Barbarei führte das Außerkraftsetzen der Vernunft drastisch vor Augen. Soziologische und philosophische Zeitanalysen zeigen zudem die Perversion der klassisch humanen Vernunftkonzeption mit der Herrschaft der Vernunft über die Begierden zur Herrschaft der Begierden über die Vernunft im Sinne eines ökonomisch-materiellen, monetären Denkens in der Gegenwart, das ausschließlich auf pekunären Gewinn zielt.

Im Kontext der griechischen Philosophie ist noch ein weiterer Begriff von Wichtigkeit, der der τέχνη. Griechisch τέχνη meint Kunst, Kunstwerk, Kunstschaffen. Der τεχνίτης ist jemand, der sich auf etwas versteht, der etwas weiß und kann und beherrscht. Ein τεχνίτης ist beispielsweise der Hersteller eines Bootes, der ein Boot zu bauen versteht, ebenso der Schiffer, der

20 Immanuel Kant: *Kritik der praktischen Vernunft,* hrsg. von Karl Vorländer, Hamburg unveränderter Nachdruck 1963 der 9. Aufl. von 1929, Erster Teil, I. Buch, 1. Hauptstück, § 7.

sein Schiff durch Wind und Wellen auf hoher See sicher in den Hafen zu leite weiß, ebenso ein Flöten- oder Lyraspieler, der sein Musikinstrument zu beherrschen versteht, kurzum, der τεχνίτης ist jemand, der ein praktisches Wissen hat von etwas, dessen Herstellung und Gebrauch (*to know how*), der vorausschauend plant und zielbewusst handelt. Das gilt in der Frühzeit, sowohl in der homerischen wie in der vorsokratischen Epoche, gleicherweise für Handwerk wie für Künste, die ununterscheidbar zusammenfallen. Noch im Hellenismus bildeten Künstler wie Sänger, Tänzer, Musiker, Chorangehörige und Chorleiter neben Handwerkern eine bestimmte soziale, relativ niedrige Gesellschaftsschicht. Erst im weiteren Verlauf der Geschichte in der Renaissance erfolgte eine soziale Trennung von Handwerk und freischaffender Kunst sowie eine Aufwertung der letzteren aufgrund des Geniegedankens. Der Künstler verstand sich jetzt in Analogie zum freischaffenden Gott als selbst entwerfender Künstler. Erst in dieser Zeit entwickelte sich ein Bewusstsein der Eigenständigkeit der Kunst und führte zur Ausdifferenzierung der τέχνη in bloßes Handwerk (nützliche Produktion), Herstellung von verzierten, verschönerten Gebrauchsgegenständen (Kunsthandwerk) und freie, nutzlose Kunst.

Da die handwerklich hergestellten Gegenstände ursprünglich der Natur abgeschaut und nachgeahmt waren, eine Schale, ein Topf, eine Vase beispielsweise einem natürlich vorliegenden Hohlraum oder einem künstlich durch Zusammenhalten der Hände entstandenen, wie wir ihn zum Wasserschöpfen benötigen, das Rad am Wagen der runden Sonnenscheibe, der Stock zum Schlagen einem Ast, sind sie Schattengebilde der realen Naturobjekte. Mögen sie noch so komplex und kompliziert sein, so bleiben sie Abbilder der Realität, die in einem rein funktionalen Zusammenhang stehen. Auch Produkte des Geistes, wie sie in immateriellen Gebilden vorliegen oder aufgrund nachträglicher Umsetzung in materiellen Artefakten, bleiben selbst ohne Geist, auch wenn sie Bewegung[21] und rationale Strukturen aufweisen, die zwar gewöhnlich behavioristisch auf Emotionales und Bewusstseinsmäßiges deuten, jedoch selbst ohne Emotionen und ohne Bewusstsein sind. Das trifft in der Gegenwart auch auf die Gegenstände der künstlichen Intelligenz sowie ihre Materialisationen in Robotern, Cyberspacewesen, Androiden u.ä. zu. Wegen der Imitation unterscheiden sie sich von lebenden organischen Wesen durch ihre Schattenhaftigkeit und Nicht-Organizität. Hier taucht in der gegenwärtigen Diskussion die große Frage auf, ob wir mit KI Gebilde schaffen können, die nicht nur Denkstrukturen imitieren, sondern selbst zu denken vermögen. Sind sie selbständig denkende Wesen oder nur Imitate solcher Prozesse? Weist die Erscheinung von Bewusstseinsstrukturen bereits auf die Existenz von Bewusstsein und Selbstbewusstsein?

21 Selbst das *perpetum mobile*.

Wenn KI-Objekte aufgrund von Sensoren anderen Objekten ausweichen und sie umfliegen, verstehen sie dann diese? Haben sie dann auch sinnliche Empfindungen? Wenn sie rational operieren, was gegenwärtig in Smart Fabriken, smart Wohnungen und smart Städten ausprobiert wird, indem sich die Dinge miteinander verbinden und vernetzen, haben sie dann auch schon Bewusstsein und die Fähigkeit zu denken? Während die einen dies bejahen, negieren die anderen dies.

Im Folgenden möchte ich zunächst den abendländische Technik- und Technologieprozess bis zur Künstlichen Intelligenz und ihren Produkten skizzieren und anschließend denselbe mit anderen kulturellen Prozessen verglichen. Nachdem dann im II. Teil des Buches die diversen Logiken entfaltet sind und die Möglichkeit der Umwandlung von Mythen, Märchen, Fabeln, Träumen in KI untersucht worden ist, soll im III. Teil nochmals auf das Verhältnis von KI zu den affektiven, emotionalen Elementen unserer Erkenntnis eingegangen und der Frage nachgegangen werden, ob uns mit KI die totale Beherrschung der Natur gelingen kann und dies das Ziel, die höchste Ausgestaltung von Vernunft, ist oder ob stets ein Rest Abhängigkeit von der Natur bestehen bleibt und zur Demut auffordert.

2. Kapitel: Technisch-technologische Entwicklung bis zur Künstlichen Intelligenz[22]

Versteht man unter Technik bzw. Werkzeugherstellung und -gebrauch die Verwendung von nicht zum eigenen Körper gehörigen Objekten[23] zur Erweiterung der eigenen Fähigkeiten, um bestimmte Ziele zu erlangen, so reicht diese Verwendung bis ins Tierreich hinein. Diese Fähigkeit, von Max Weber[24] zweckorientiertes, strategisches Handeln genannt, das auf zielgerichteter Rationalität basiert, ist schon bei etlichen Tierarten zu beobachten, insbesondere bei den uns nächst verwandten Primaten. Affen knacken Nüsse mittels Steinen und verwenden Stöckchen, um aus Löchern Honig zu holen. Nicht nur im Gombe Stream National Park in Tansania, auch in anderen Gegenden hat man beobachtet, dass Schimpansen diesen Werkzeuggebrauch sogar bis zur Unterscheidung und Verwendung von fünf verschiedenen Stöckchenarten entwickelt haben, um an Honig von unterirdisch lebenden Bienen zu gelangen. Sie verwenden *erstens* dünne, gerade Stückchen zum Aufstochern des Bodens, *zweitens* stumpfe mit einer dicken Spitze zum Aufbrechen des Bienenstockeingangs, *drittens* dünne, hebelartige zum Durchstechen der Wände des Bienenstocks, *viertens* ausgefranste Stöckchen zum Eintunken des Honig und *fünftens* löffelartige zum Herausziehen desselben aus dem Boden.[25]

Studien dokumentieren zudem erstaunliche Fälle intelligenten Verhaltens bei bestimmten Vogelarten. So werfen diese kleine Steinchen auf Schildkröteneier am Strand zur Brutzeit, um damit die harte Schale derselben aufzubrechen und an das Innere zu gelangen. Krähenarten (*Corvus moneduloides*) aus Neukaledonien wurden beobachtet, wie sie Drähte zu Angeln verbogen, um damit an Futter zu gelangen.[26] Von Dohlen und Rabenvögeln ist bekannt, dass sie verschiedene distinkte Vorgänge in richtiger Reihenfolge aneinanderreihen, um gewisse Ziele zu erreichen wie das Öffnen eines Käfigs, das nur gelingt, wenn nacheinander in richtiger Folge bestimmte Prozeduren

22 Zur Literatur: Karl Heinz Metz: *Ursprünge der Technik.* Die Geschichte der Technik in der westlichen Zivilisation, Paderborn 2006; Wolfgang König: *Technikgeschichte.* Eine Einführung in ihre Konzepte und Forschungsergebnisse, Stuttgart 2009; ders. (Hrsg.): *Technikgeschichte*, Stuttgart 2009.

23 Wenn wir von Techniken des eigenen Körpers sprechen, so geschieht dies im Sinne von Methoden der Beherrschung des eigenen Körpers zur Erlangung bestimmter Zwecke.

24 Max Weber: *Wirtschaft und Gesellschaft.* Grundriss der verstehenden Soziologie, Tübingen 1921, 5., revidierte Aufl., besorgt von Johannes Winckelmann, Tübingen 1980. 1. Kapitel, § 2, führt dort den Unterschied von zweck- und wertrationalem Handeln ein.

25 Vgl. Jane Goodall: *Tool Using and Aimed Throwing in a Community of Free-Living Chimpanzees*, in: *Nature*, Bd. 201 (1964), S. 1264-1266.

26 Vgl. Alex A. S. Weir, Jackie Chappell and Alex Karelnik: *Shaping of Hooks in New Caledonia Crows*, in: *Science*, Bd. 297, Nr. 5583 (2002), S. 911.

stattfinden. Zuerst muss ein im Käfig befindlicher Ast oder Draht herausgezogen werden, sodann dieser in ein am Käfig befindliches Schloss gesteckt und rechtsseitig gedreht werden. um den Käfig zu öffnen und an eine dort befindliche Nahrung zu gelangen. Mangrowenreiher werfen Zweige als Köder ins Wasser, um Fische anzulocken. Die Beispiele ließen sich fortsetzen.

Forscher vermuten, dass dieser komplexe sequentielle Werkzeuggebrauch dem Stadium des Menschen der frühen Steinzeit entspricht. Der Mensch hat die Tendenz zum Erfinden und methodischen Einsatz von Werkzeugen in seiner Geschichte fortgeführt und optimiert und zu einem exponentiellen Ausmaß gebracht im bislang letzten Stadium, der Künstlichen Intelligenz.

War es im Neolithikum die Herstellung behauener Steinkeile, spitzer wie faustkonformer, um damit auf Beute zu zielen oder diese zu teilen oder aufzuritzen, die Erstellung von Jagdgeräten wie Pfeil und Bogen oder Wurfgeschossen und das Aufstellen von Fallen zum Fangen von Tieren, so verfeinerten die Menschen zunehmend die Technik, fertigten Steinnadeln zum Nähen von Lederkleidung und Fellschuhen an, lernten, das Feuers zu entfachen über trockenem Gras oder Stroh mittels des Hin- und Herziehens eines festen Halms.

Mit dem Übergang des Menschen vom Sammler- und Jägertum zur Sesshaftigkeit mit Ackerbau und Viehzucht wurden andere Techniken erforderlich wie die Erfindung des Pfluges, zunächst des Holz-, dann des Metallpfluges, auch die Herstellung von Waffen aus Bronze und Eisen zum Angreifen und zur Verteidigung. Von eminenter Bedeutung war die Erfindung des Wagenrads für den Transport von Nahrungsmitteln und Geräten über lange Strecken. Mit der Kultivierung der Böden und dem Transport von Nahrungsmitteln und Gebrauchsgegenständen über weite Strecken, ebenso mit der Vorratshaltung war die Sicherung der Ernährung der Bevölkerung und ihr Anwachsen verbunden, so dass es zu gößeren Siedlungen im Zweistromland und im Industal kam, zu ersten Städtegründungen mit Steinbauten, Tempeln und Palästen und großen Stadtmauern[27]. Die Erfindung der Schrift und des Papiers – sei es in Form von Papyrus wie in Ägypten oder von Tontafeln wie in Mesopotamien – ermöglichte die Organisation und Verwaltung der Städte, was als ein gewaltiger Schritt in der kulturellen Entwicklung der Menschheit anzusehen ist.

Es lässt sich beobachten, dass die Erfindung neuer Werkzeuge oder die Entwicklung neuer Methoden zu einem Sprung in der Entwicklung der Menschheit führt und folglich zu einer Revolutionierung des gesamten Lebens wie umgekehrt die Bezeichnung einer neuen Epoche von der Erfindung eines neuen Werkzeugs und seines Gebrauchs abhängt.

27 Dass solche einen starken Eindruck hinterließen, bekundet bereits das *Gilgamesch-Epos*, das die große Stadtmauer rühmt, die der König Gilgamesch um Uruk erbauen ließ.

Die Entwicklungen fanden nicht gleichzeitig auf der Erde statt, sondern gingen von einzelnen Regionen aus und verbreiteten sich dann im näheren und ferneren Umfeld, so dass man von Frühkulturen spricht wie in Mesopotamien bei den Sumerern, Assyrern und Babyloniern oder im Alten Ägypten, dessen kulturelle Errungenschaften über Kreta Griechenland beeinflussten. Ebenso gab es frühe Hochkulturen in China, Indien und später in den Anden Süd- und Mittelamerikas.

Die Antike, unter der man im weitesten Sinne das Griechentum, den Hellenismus und das römische Imperium zusammenfasst, etwa die Zeit zwischen 10‘000 (8‘000) v. Chr. und 500 n. Chr., war metallurgisch das Bronze- und Eisenzeitalter, das die riesigen Eisenklammern für die Großbauten zur Befestigung erfand, das sich zudem durch eine Vielzahl von Erfindungen wie Armillarsphären, Hebelwerkzeuge, Flaschenaufzüge, Pumpen, Sonnen- und Sanduhren auszeichnete.[28] Man erfand Bewässerungsanlagen mit der Archimedischen Schraube und Windmühlen, Rammböcke, Riesenschleudern zum Angriff und zur Verteidigung. Auf die Römer geht die Erfindung schnurgerader Straßen für die schnelle Fortbewegung ihrer Truppen zurück, ebenso der Bau von Fortifikationsanlagen und Wällen (s. Limes), der Kuppelbau mit dem berühmten Schlussstein, ebenso die Erfindung von Monumentalbauten wie dem Kolosseum, der Porta Nigra usw., nicht zuletzt die Formulierung des weitgehend bis heute gültigen römischen Rechts.

Ein gewaltiger Schub folgenreicher Entdeckungen und Entwicklungen kennzeichnet den Beginn der Neuzeit in der Renaissance. Auf der Basis und in Fortsetzung antiken Wissens erfand man Räderuhren, Barometer, Taxometer, Teleskop, Mikroskop, Schießpulver, Gewehr und Kanonen, bewegliche Lettern für den Buchdruck (1450), was eine massenhafte Verbreitung von Literatur – zunächst der Bibel, später von Romanen und Zeitschriften – zur Folge hatte und damit eine Förderung der Allgemeinbildung der Menschheit in Gang setzte, die zuvor Mönchen und Gelehrten vorbehalten gewesen war.

Mit Leonardo da Vinci (1452-1519) treten wir in eine bewusst wissenschaftsgesteuerte technische Welt ein. Nicht nur war Leonardo ein großer Maler, der die menschlichen Darstellungen auf medizinisch-anatomische Studien gründete, sondern auch ein genialer Konstrukteur, der unzählige Geräte entwarf, ein Fluggestell, ein Unterwasserboot, moderne Verteidigungsanlagen u.ä. Die Grundlagen der neuzeitlichen Naturwissenschaft und der auf ihr basierenden Technik hat Galileo Galilei (1564-1641) so beschrieben, dass das Buch der Natur in Lettern der Mathematik und Geometrie geschrieben sei, wobei die Buchstaben Dreiecke, Kreise und andere geometrische Figuren sind; ohne diese Mittel wäre es dem Menschen unmöglich,

28 Wie sie später Pieter Brueghel auf seinem Gemälde „Turmbau zu Babel“ verewigt hat.

ein einziges Wort zu verstehen.[29] Dies wiederholt er auch in einem Brief an Fortunio Liceti von Januar 1641: „Die Buchstaben eines solchen Buches [...] sind Dreiecke, Vierecke, Kreise, Kugeln, Kegel, Pyramiden und andere mathematische Figuren."[30] Die auf dieser Grundlage aufgebauten Konstruktionen sind Maschinen mit fremdgesteuerten Bewegungen nach mechanistischen Gesetzen, die dem Zeitalter das Beiwort ‚mechanistisches Zeitalter' verliehen haben. Für dieses Zeitalter stellt die Welt eine große klappernde und ratternde Maschine dar.

Nach der Mechanisierung erfolgte um 1800 die Nutzung von Wasser- und Dampfkraft in Dampfmaschinen und Generatoren, die das industrielle Zeitalter einleiteten. Die zunehmende Verwendung von Steinkohle ermöglichte die Beheizung großer Wohngebäude und Hochöfen für die Herstellung von Stahl. Mit der Dampfmaschine war man unabhängig von Standorten und den Elementarkräften Wasser und Wind und konnte genügend Strom für Spinn- und Webmaschinen sowie andere Werkmaschinen erzeugen, so dass die Textilindustrie boomte.

Seitdem folgten die revolutionären Innovationen Schlag auf Schlag. Die Erfindung der Elektrizität gab den Startschuss für eine neue Revolution um 1900, in der die Welt mit Nachrichten und Informationen durch Telegrafen und Rundfunk versorgt wurde. Elektrische Straßenbahnen kamen auf, ebenso die Straßenbeleuchtung, zunächst mit Gas, später mit Elektrizität, und die ersten Autos, die dann im 20. und 21. Jahrhundert wegen ihrer Massenproduktion und Beliebtheit die Straßen verstopften.

Es folgte ab 1950 die Computerisierung der Welt. Zunächst in Militärkreisen entwickelt und verwendet, breitete sich der Personal Computer (PC) in Windeseile in allen Bevölkerungsschichten und auf allen Erdteilen aus, besonders in Regionen, die bislang von der Entwicklung ausgeschlossen waren, wie Südamerika und Afrika. Heute ist er überall unverzichtbar. Er nutzt die Eigenschaft von Halbleitern, d.h. von Kristallen, besonders Silizium und anderen Festkörpern zur Übertragung von Informationen, da diese geeignet sind, als Transistoren zu fungieren, welche die Übertragung von Nachrichten durch Durchlassen des Flusses oder Resistenz regeln. Sie verstärken oder mindern die Geschwindigkeit.

Auf das analoge Zeitalter, das für den elektronischen Transfer der Sprache unterschiedliche Frequenzen und Amplituden verwendete, folgte das digitale Zeitalter, in dem wir uns gegenwärtig befinden. Es basiert auf der Grundidee von Claude Shannon[31], Informationen von Wort und Bild in bi-

29 Vgl. Galileo Galilei: *Le Opere*, ristampa della Edizione Nazionale, hrsg. von Antonio Favaro, 20 Bde., Florenz 1929-1939, Bd. 6, S. 232 (Übersetzung von Verfasserin).

30 A.a.O., Bd. 18, S. 295 (Nr. 4106) (Übersetzung von Verfasserin).

31 Claude Shannon: *A Mathematical Theory of Communication*, in: *The Bell System Technical Journal*, 27,3 (1948), S. 379-423.

närer Form darzustellen, durch 1 und 0 auszudrücken, wobei 1 den Fluss des Stromes, 0 seine Unterbrechung bedeutet. Die Information einer bestimmten Zahlengruppe wird durch die Menge der benötigten Stellen festgelegt (Bit = *binary digits*). Die Idee ist die folgende, zunächst den Informationsgehalt einer Nachricht binär aufzulösen und dann in Bits nach der Anzahl der Einsen und Nullen darzustellen. Dabei hat sich herausgestellt, dass ein Code, der mit 8 Bits = 1 Byte operiert, mit seinen 2^8 = 286 Möglichkeiten sämtliche Buchstaben und Zahlen einschließlich Sonderzeichen des englischen Alphabets abdeckt und damit als elektronisches Signal eingesetzt werden kann. Der Vorteil dieser Technik ist die Rasanz der Übertragung.

Hinzugekommen sind seit 1958 die Chips, die auf einer Leiterplatte (Platine) angebrachte Transistoren in großer Menge, in Hunderttausenden, kombinieren und logische Verknüpfungen mit ‚und', ‚oder' und ‚nicht' herstellen können, also nicht nur rechnen, sondern auch logisch operieren können. Sie funktionieren in Schaltkreisen als Zentraleinheit des Computers. Man unterscheidet Chips als Software vom Computer als Hardware. Mit ihnen ist der Weg in die virtuelle Welt und die globale Kommunikation, das World wide Internet (www), eröffnet und in den Computer verlegt wie auch in seine kleinste Einheit, das Handy, so dass man im Prinzip von diesem aus die gesamte Welt zu regieren vermag, jede Art von Information in Windeseile an das andere Ende der Welt senden wie auch vom anderen Ende empfangen kann. Darüber hinaus lassen sich Wetterberichte, Bankenkurse, Gesundheitsinformationen vornehmen, die jedem Laien Expertenwissen verschaffen, das früher Insidern vorbehalten war. Allerdings ist man damit auch jeder Art von Falschmeldungen, Betrügereien und Fake News ausgesetzt. Da heute trotz angeblichen Schutzes und trotz aller Schutzversuche jeder Computer gehackt werden kann, was in großem Maße bei Firmen und Banken mit Kundendaten und bei staatlichen Behörden mit Staatsgeheimnissen auch geschieht, ist damit jede Anonymität aufgehoben.

Die neueste Errungenschaft auf dem Gebiet der Digitalisierung ist die interne Vernetzung physischer Geräte nicht nur im Haushalt, sondern auch in Wohnungen und den sogenannten Smart Factories der Zukunft mit Kommunikations- und Informationstechniken, das sogenannte Internet der Dinge ohne zentrale Leitung.[32] Beschrieben wird es in einem Artikel *Wo bleibt der Mensch, wenn die Roboter kommen?*[33] an einem Beispiel: Eine Seifen-

32 Es hat sich inzwischen eingebürgert, bezüglich der industriellen Revolution vier Phasen zu unterscheiden: *erstens* die Phase der Dampfmaschine, *zweitens* die Phase der Elektrizität, deren Symbol das Fließband ist, *drittens* die Phase des Computers und *viertens* die Phase der Digitalisierung, der internen Verknüpfung der Geräte, was das Thema der letzten Hannoveraner Industriemesse 2023 war.

33 Vgl. Ingeborg Breuer, in: *Deutschlandfunk*. Aus Kultur und Sozialwissenschaften, 2.6.2016, https://www.deutschlandfunk.de/die-vierte-industrielle-revolution-wo-bleibt-der-mensch-100.html.

flasche ordert beim Seifentank die Einfüllung von z.B. 5000 Milliliter Flüssigkeit und gibt dann dem nächsten Gerät den Auftrag, einen bestimmten weißen Verschlussdeckel aufzuschrauben. Dann bestellt die Palette mit den abgefüllten Flüssigseifen einen Lastwagen, der sie führerlos an den Bestimmungsort bringt. Da die Kommunikation unter den Geräten selbständig erfolgt ohne zentrale Leitung, werden Menschen bei diesen Arbeitsabläufen überflüssig.

Wenngleich durch die Verknüpfung des gesamten Weltwissens, das früher im Geist (Kopf) des einzelnen Menschen und in der Literatur gespeichert war, sowie durch seine Verlagerung in den virtuellen oder digitalen Raum des Computers eine Verschiebung der Realität in die Maschine stattfand,[34] so ist das Projekt der Künstlichen Intelligenz damit noch nicht beendet. Es hat die Fahnenstange bei weitem noch nicht erreicht. Dies wäre erst der Fall mit der totalen Roboterisierung, die den Menschheitstraum vom Homunculus erfüllte, von dem Faust in Johann Wolfgang Goethes gleichnamiger Tragödie träumt und den Mephistopheles mit der Gottähnlichkeit des Menschen vergleicht.Die Industrie ist allerdings auf dem Wege zu dieser Erfüllung, indem immer raffiniertere Roboter erfunden und hergestellt werden.

Der erste vollständig funktionsfähige Roboter war der 1973 von dem japanischen Waseda-Unternehmen hergestellte Roboter Wabat-1, der gehen und greifen konnte und die Intelligenz eines Kleinkindes von eineinhalb Jahren hatte. Die inzwischen erzielten Fortschritte sind frappant. Die heutigen humanoiden Roboter gleichen äußerlich in der Physiognomie dem realen Menschen, indem sie eine menschliche Gestalt mit Kopf, rollenden Augen, Rumpf, Armen und Beinen haben, mit einer weichen Dummihaut überzogen sind, Behaarung aufweisen, sich auf zwei Beinen fortbewegen können sich nicht nur durch Sprünge, Hüpfen, Kopfrolle und Tanzen auszeichnen sowie durch das Spielen von Musikinstrumenten: Klavier, Geige, Posaune, sondern durch weiche Bewegungen wie die Eva-Puppe der Tokyo-Universität, die dort als Fremdenführerin fungiert und auf Airback-Kissen abgefedert läuft. Sie sind sprach- und kommunikationsfähig, können nicht nur auf simple Fragen monoton antworten, sondern durchaus Gespräche in einer bestimmten festgelegten Sprache führen. Neuerdings wird die Frage gestellt, ob ihre Intelligenz soweit reicht, dass sie wissenschaftliche Artikel abfassen und Universitätsprüfungen bestehen können. Der von Todai entwickelte Roboter gehört zu den 20% der besseren Kandidaten, die die Aufnahmeprüfung an der Universität von Tokyo bestanden. Allerdings sind die Roboter

34 Vgl. David Gugerli: *Wie die Welt in den Computer kam.* Zur Entstehung digitaler Wirklichkeit, Frankfurt a. M. 2018.

inwendig mit Computern, Chips, Maschinen, Drähten und dergleichen gefüllt, nicht mit lebendigem organischem Material und grauer Gerhirnmasse.

Die neueste Generation humanoider Roboter, die auch für soziale Kontakte eingesetzt wird, ähnelt dem Menschen in Mimik und Gestik; diese Roboter können sehen (Bilderkenntnis); Töne und Laute hören (Tonerkenntnis) und mittels Sensoren auf Druck reagieren. Sie sind sensorisch fähig, alle Vollzüge vorzunehmen, die behavioristisch auf Empfindungen und Gefühle weisen. Ob sie allerdings Emotionen und Bewusstsein haben, jenes helle, klare Gespür der Ich- bzw. Selbsthaftigkeit, ist die große Streitfrage der Gegenwart.

Der heute bedeutendste und bekannteste Roboter ist Sophia von dem Unternehmen Hanson, der 2017 den Vereinten Nationen präsentiert wurde und ein kurzes Gespräch mit der UN Vize-Gerneralsekretärin führte.

Der Wunschtraum des Menschen aber geht weiter als auf totale Imitation des Menschen, er geht auf Vergöttlichung und damit auf Lebensverlängerung bis zur Unsterblichkeit. Hier schließen bislang nur Science fiction-Szenarien an, wie sie der Futurologe Stanislaw Lem[35] in seinem Buch *Summa technologia* entworfen hat, die sukzessiv eine Entfernung und Entfremdung vom natürlichen menschlichen Dasein wie überhaupt von der leidensfähigen Natur konzipieren und die sukzessive, schrittweise Ersetzung durch eine gänzlich andere Welt vorsehen, die auf KI und Robotik basiert und letztlich auch auf anderen, stabileren Materialien. Lem stellt sich den Umbau der Welt in diversen Schritten vor: Zunächst denkt er an eine Prophylaxe, die der Erhaltung der durchschnittlichen Gesundheit des Menschen und der Wiederherstellung derselben bei Ausfall von Organen und Funktionen durch Ersatzherz, Ersatzniere, Ersatzlunge u.ä. dient. Dies entspricht der „konservierenden Ingenieurskunst“[36]. Das Baumaterial aus Protein soll dazu beibehalten werden. Im nächsten Schritt, der sogenannten „genetischen Ingenieurskunst“[37], strebt er eine Optimierung der menschlichen Fähigkeiten an durch den Eingriff in die Evolution des Menschen, indem er die natürlichen Evolutionsgradienten durch zielgerichtete Steuerung erweitern will. Das Programm zielt auf Immunisierung und Leistungssteigerung, auf das nächste Modell des Homo sapiens.

Mit der dritten Stufe beginnt der totale Umbau des Menschen, der nicht nur in Verbesserung und Ausflickung besteht, sondern auf eine Neukonstruktion zielt, indem die einzelnen Körperteile und Organe schrittweise durch leistungsfähigere Prothesen und physikalische Apparate ersetzt werden, wobei auf widerstandsfähige Materialien wie Kunststoffe und Metal-

35 Stanislaw Lem: *Summa Technologiae* (Titel der Originalausgabe *Summa Technologiae*, Krakau 1964) aus dem Polnischen übersetzt von Friedrich Griese, Frankfurt a. M. 1981.

36 A.a.O., S. 579.

37 A.a.O., S. 586.

le wie Edelstahl zu achten ist, die Verschleißerscheinungen widerstehen, so dass am Ende der „Roboter mit einem perfekten kristallinen Gehirn“[38] dasteht, der eine Beinahe- oder Quasi-Unsterblichkeit erreicht. Die letzte und höchste Stufe, die sogenannte „kosmogonische Ingenieurkunst“[39], zielt nicht nur auf einzelne Fortschritte und die technische Beherrschung einzelner Naturprozesse, sondern auf den Umbau großer Teile der Natur und schließlich des Naturganzen. Hier geht es um eine Neukonstruktion der Welt zwar unter Verwendung zunächst noch natürlicher Materialien wie Raum und Zeit, Atomen, offener und geschlossener Systeme; sie entfernt sich aber insofern von dieser, als sie dieselbe in jeder Hinsicht umgestaltet. Wie der Schöpfer der großen Welt die Evolution des gesamten Kosmos an die Hand nahm, so versucht es der Schöpfer der kleinen Evolution innerhalb unserer Welt. Auch wenn Bücher dieser Art Utopien und Phantasien sind, zeigen sie doch, in welche Richtung die moderne Forschung geht, indem sie auf die Abschaffung des Menschen und seiner jetzigen Natur sowie auf die Konstruktion einer neuen Welt in Analogie zur Schöpfertätigkeit eines absoluten Gottes geht. Der Mensch als absoluter Herr über das Sein und als Schöpfer einer neuen Welt ist das Ziel. Da der Umbau der natürlichen Welt in eine künstliche mit der Überwindung der bisherigen Übel einhergeht, womit auch Krankheit, Alter, Tod, Schicksalsschläge, die Übel der alten Welt, abgeschafft werden, verbindet sich damit die Idee einer Unsterblichkeit und Ewigkeit, die seit eh und je das Wunschdenken der Menschen beflügelte.

Es gibt Versuche, die technisch-technologische Entwicklung nicht nur entlang der verschiedenen kulturellen, politisch-sozialen Epochen zu gliedern und zu systematisieren, sondern eigene Kriterien für die Einteilung der Entwicklung zu eruieren.

Von Leslie A. White[40] stammt der Vorschlag, die Einteilung nach dem Prinzip der Energieart vorzunehmen, was von der gegenwärtigen Energiedebatte beflügelt wird. Danach ist zu unterscheiden *erstens* eine Phase der Muskelkraft, *zweitens* eine der Tierkraft, z.B. der Zug- und Tragfähigkeit von Eseln, Pferden, Kamelen, Lamas, Ochsen für den Transport von Gütern oder das Ziehen von Mühlrädern in Öl- und Getreidemühlen, *drittens* eine Nutzung pflanzlicher Energie durch Agrikultur, die Pflege der Böden für den pflanzlichen Anbau ebenso wie die Genmanipulation der Pflanzen zur Ertragssteigerung, *viertens* die Nutzung natürlicher Ressourcen wie Kohle, Öl, Gas, Windkraft und *fünftens* die Phase atomarer Energie. Hinzuzufügen wäre noch eine *sechste* Phase der Nutzung geistiger, innovativer Kraft.

38 A.a.O., S. 507.

39 A.a.O., S. 481.

40 Leslie A. White: *The Evolution of Culture*. The Development of Civilization to the Fall of Rome, New York, Toronto, London 1959.

Eine noch andere Einteilung schlägt Gerhard Emmanuel Lenski[41] vor, die sich auf Information und Wissen konzentriert. So unterscheidet er *erstens* eine Epoche der Information und des Wissens durch die Vermittlung der Gene (genetische Übertragung), *zweitens* eine Epoche der Herausbildung des Bewusstseins für die Wichtigkeit des Lernen durch Erfahrung und die Weitergabe der erworbenen Kenntnisse, *drittens* eine Phase der Entdeckung von Zeichen und Zeichengebrauch in der Logik, *viertens* eine Phase der Symbole und der damit verbundenen Schrift- und Sprachkultur. Dem wäre heute eine *fünfte* Epoche der virtuellen Kommunikation mittels des Internets über Computer, Tablets, Handys usw. hinzuzufügen.

Wie immer man sich entscheidet, die abendländische Technik- und Technologiegeschichte zu gliedern, das Wichtigste ist nicht die Frage nach dem Was und Wie, welche technischen und technologischen Mittel und Methoden präferiert werden oder zum Zuge kommen, sondern eine andere Frage, die nach dem Warum: warum der Mensch der westlichen Welt einen Weg eingeschlagen hat, der sich immer weiter von der Natur und dem Natürlichen entfernt durch die Realisation des Ideals eines künstlichen Menschen, des Homunkulus, des Roboters mit Künstlicher Intelligenz, gegebenenfalls auch mit vermehrter Trag- und Schubkraft, was in die Richtung eines posthumanen, postbiologischen Zeitalters geht. Es gibt nur eine Antwort darauf: das Streben nach Entlastung eines beschwerlich empfundenen Lebens, und zwar sowohl hinsichtlich einer körperlichen Entlastung wie auch einer geistigen und möglicherweise auch einer psychisch-emotionalen. Macht man daher die Beobachtung, dass sich Tiere, gutmütige oder zähmbare, wie Esel, Ochsen, Pferde, Kamele, Lamas, Elefanten zum Lastentragen besser qualifizieren, da sie größere Quantitäten über weitere Stecken, gegebenenfalls auch schneller erledigen können als der Mensch oder findet er durch Zufall, sei es durch spielerischen Umgang, Basteln oder Ausprobieren, heraus, dass Räderwagen sich noch besser zum Transport eignen als Tiere und Autos, Züge, Flugzeuge noch schneller Strecken zurücklegen, dann greift er selbstverständlich freudig zu. Er gewinnt damit mehr Zeit, die er für sich, seine Anliegen und Interessen sowie für seine Vergnügungen nutzen kann.

Auch Denken, Rechnen, Überlegen, Erwägen, Planen, Entscheiden, Urteilen, kurzum, alle geistigen Tätigkeiten bereiten dem Menschen Mühe, verlangen Konzentration und Disziplinierung, lange Ausbildung und Vorbereitung, was sich in dem Spruch niederschlägt *ars longa, brevis vita.* So greift er selbstverständlich zu, wenn Rechenmaschinen oder Algorithmen ihm das Rechnen abnehmen und KI wissenschaftliche Recherchen, Analy-

41 Gerhard Emmanuel Lenski: *Power and Privilege.* A Theory of Social Stratification, New York 1966; ders., Jean Lenski: *Human Societies.* An Introduction to Macrosociology, 2. Aufl. New York 1974.

sen und die Abfassung wissenschaftlicher Arbeiten vornimmt. Nicht nur die physischen Anforderungen, sondern auch die geistigen Aufgaben bewältigt die Maschine oder das System schneller, effizienter und fehlerfreier als der Mensch, so dass ihn auch hier Zeitgewinne locken und ihm die Möglichkeit bieten, diese mit eigenen Interessen und Anliegen auszufüllen. So steigert er auch hier seinen Lustgewinn. Ein nicht unwesentlicher Faktor ist die Macht, die der Mensch auf diese Weise über die Natur in physischer wie intellektueller Hinsicht gewinnt. Kann er eine Steinaxt statt einer Holzaxt, eine elektrische Säge statt einer Steinaxt zum Fällen von Bäumen benutzen, Krähne und Flaschenaufzüge, um schwere Lasten in die Höhe zu hieven und damit Großprojekte wie Tempel, Paläste, Steinbrücken, Festungen verwirklichen, so wird er selbstverständlich zugreifen und seine Herrschaft über die Natur erweitern, wie dies in der westlichen Welt und inzwischen global der Fall ist. KI schließlich ermöglicht ihm die Herrschaft über den gesamten Globus und die Natur, indem er nicht nur eine weltumfassende Korrespondenz abwickeln, sondern auch die digitale Steuerung der Verwaltung, des Militärs, medizinischer Diagnosen und Therapien vornehmen kann. Die Selbststeuerung von Autos, Lastwagen und Flugzeugen entlastet ihn weiter. Das Kopfrechnen, die Zusammenfassung riesiger Summen, die manuelle Sammlung von Daten, die Durchforstung juristischer Akten oder die Werbung wird ihm durch KI abgenommen.

Nach der üblichen traditionsbedingten Einteilung gliedert sich der Mensch in einen physischen und einen psychischen Teil, von denen der letztere wiederum in zwei bzw. drei Teile zerfällt, in einen geistigen Teil, der die Spitze bildet und so hoch angesiedelt wird, dass er manchmal wie in der Antike für göttlich und unsterblich gilt, in der Neuzeit zwar für sterblich und vergänglich, aber dennoch ausgezeichnet als das letzte evolutionstheoretische Produkt, und in einen niederen Teil, die Triebnatur des Menschen, das Begehrungsvermögen. Verbunden sind beide durch ein vermittelndes drittes Vermögen. Darüber hinaus setzen sowohl Antike wie Neuzeit das Vermögen der Lust und Unlust voraus, dessen Zuordnung psychologisch nicht eindeutig ausfällt, sondern ambivalent ist, da Antike wie Neuzeit höhere und niedere Lüste unterscheiden. Platon und Aristoteles wie auch Kant und die christliche Ethik sprechen von höchster Lust, die dem Geist zukommt, spirituell ist und in die Richtung von Glückseligkeit, innerer Erfüllung und Erbauung geht, andererseits von sinnlichen Lüsten, die schnell kommen und gehen und nach immer neuer Veränderung streben. Sie lassen den Menschen letztlich unbefriedigt. Für die christliche Ethik sind sie verwerflich, sogar teuflisch. Wie immer die Zuordnung der seelischen Vermögen bei den einzelnen Philosophen und Psychologen ausfallen mag, wir haben zu unterscheiden zwischen tiefergehenden Lustgefühlen wie Glückseligkeit, innerer Erfüllung und Zufriedenheit und oberflächlichen Lustempfindungen wie reinen Vergnügungen, in moderner Terminologie Fun.

Wenn wir Zeit- und Entlastungsgewinne mit Lustgewinnen ausfüllen, wie dies in der westlichen Welt und inzwischen global der Fall ist, sollten wir diese einer genaueren Analyse unterziehen. Zu diesem Zweck greifen wir vier Bereiche heraus, die nach dem Zweiten Weltkrieg, einer offensichtlichen Notphase, im Zuge der Regenerierung und Modernisierung mit zunehmender Entlastung und Zeitgewinnen einherging: *erstens* die sogenannte Konsum- oder Essphase, *zweitens* die Modewelle, *drittens* die Reisewelle und *viertens* die Computerisierung und Digitalisierung.

Die erste Phase nach den Not- und Entbehrungsjahren des Krieges war gekennzeichnet durch einen Nachholbedarf, der zu einem Quantitätsanstieg des Bedarfs von Nahrungsmitteln führte. Man wollte den leeren Magen wieder stopfen und nachholen, was man versäumt hatte. Die zweite Phase war charakterisiert durch einen Qualitätsanstieg. Es genügte nicht mehr ein einfaches Angebot von Äpfeln und Birnen, Teigwaren und Brot, sondern es musste ein großes, breites Sortiment von sieben bis zehn oder mehr verschiedenen Sorten sein, so dass man genügend Auswahl hatte, da die Ansprüche gestiegen waren. Man erwartete in jedem Kaufhaus eine Fülle sich übersteigender Angebote, die man schließlich nicht mehr überschauen konnte. Die dritte Phase war gekennzeichnet durch Luxusartikel, Besonderheiten, ja Extravaganzen. In der Esskultur führte sie dazu, dass man sich nicht mehr mit einfacher Grundnahrung begnügen konnte und wollte, auch nicht mehr mit schmackhafter, nahrhafter, sondern mit extravaganter. Das illustrativste Beispiel hierfür war die Mode der molekularbiologischen Küche, in der man die natürlichen Nahrungsmittel künstlich in ihre Moleküle zerlegte und auf artifizielle Weise wieder zusammensetzte und kombinierte, so dass man Aal mit Lakritzen und Hahnenkamm mit Marshmallow vorgesetzt bekam. Die vierte Phase, das Zeitalter der Computerisierung, Digitalisierung und der KI ist charakterisiert dadurch, dass man mit seinen Zeitgewinnen nichts mehr anzufangen weiß, in oberflächlicher Geschäftigkeit, tatsächlicher Langeweile und Überdruss versinkt.

1. Für die Esskultur mag stellvertretend unser Verhältnis zu Festen stehen. Wurde man früher zu einem Fest – sei es einem festlichen Essen, einer Geburtstagsfeier, einer Verlobung oder Hochzeit – eingeladen, so bereitete man sich äußerlich wie innerlich auf dieses Ereignis vor, überlegte, mit welchem Geschenk man eine Freude bereiten könne, wie man sich angemessen kleiden solle, welche Gespräche zu erwarten seien, kurzum, man genoss die Vorfreude und ebenso im Nachhinein das Weiterleben des Ereigneten als

Nachklang. Das Fest war, wie Johan Huizinga[42] es beschrieben hat, etwas Besonderes, Einmaliges, aus dem Alltag Herausragendes, das bereits räumlich durch einen bestimmten Rahmen, den ausgesuchten Festplatz, heute das ausgefallene Restaurant, abgesteckt war wie auch zeitlich durch eine begrenzte Dauer. Dies alles zeichnete das Fest als etwas Abgehobenes vom gewöhnlichen Alltag und seiner Routine aus.

Anders das heutige Event. Nicht nur, dass es massenhaft Events gibt, die sich zu überbieten suchen, hier ein Fitnessstudiobesuch, dort eine Lesung, hier ein evangelischer Kirchentag, dort ein Rockfestival, hier eine Massenkundgebung, dort ein Open Air Konzert, hier eine Freilichtaufführung, dort ein World Band Festival oder eine Love Parade, je mehr, desto besser, je schräger und schriller, desto aufregender und ekstatischer, wobei Lautsprecher, Musikverstärker, Alkoholkonsum und Drogen eine Rolle spielen. Man schlägt die Zeit mit Events tot, indem man morgens zum Umtrunk und Sektfrühstück zu Freunden geht oder seine Gymnastikübungen absolviert, nachmittags zum Treffen im Café oder am Stammtisch geht und abends in ein Rockkonzert oder zu einer anderen Party. Die Schnelligkeit der Abfolge und die Steigerung der Ekstasen geht in einen umfassenden, indifferenten Rausch über, in einen „rasenden Stillstand", um das Wort von Paul Virilio zu gebrauchen.[43] Was in früheren Zeiten am Hof Ludwig XIV. dem Adel vorbehalten war, um sich die Langeweile totzuschlagen, ist heute zum Massenphänomen geworden.

2. Nicht anders verhält es sich mit der Modewelle. Hatten die Damen und Herren nach den Entbehrungen der Kriegsjahre das Bedürfnis, sich wieder etwas schöner und eleganter zu kleiden, mit edleren Stoffen zu umgeben und ausgefalleneren Designs – wenn auch nicht auf dem Niveau der Pariser Mode, so doch in Imitation derselben[44] –, so wurden die Innovationen in der Haute Couture immer exotischer, indem sie teils türkische, arabische, teils indische Elemente integrierten, weite, Stoff verschlingende Kleider kreierten, dann enge, hautnah anliegende, einmal lang, einmal kurz wie beim Minirock oder neuerdings auch beim Abendkleid. Die Schuhe wurden immer ausgefallener, die Absätze immer höher, so dass die Mannequins auf den Laufstegen nur noch torkelten und nicht selten fielen. Inzwischen ist das Gegenteil der Fall. Die Absätze können nicht plumper und klobiger ausfal-

42 Johan Huizinga: *Homo ludens*. Vom Ursprung der Kultur im Spiel, Reinbeck b. Hamburg 1956, wiederholte Aufl. 1963, S. 25 ff.

43 Paul Virilio: *L'inertie polaire*. Essai, Paris 1990, deutsch: *Rasender Stillstand*. Ein Essay, aus dem Französischen übersetzt von Bernd Wilczek, München 1992, 1. Teil, Kap.6: Die heutige spätmoderne Gesellschaft und die akzelerierende Zeit, Amn. 39.

44 Die Firma Burda begründet ihren Aufstieg in der Nachkriegszeit damit, dass sie den Frauen Pariser Modelle zum Selbstschneidern nach vorgefertigten Schnittmustern bereitstellte.

len, die Kleidung nicht legärer, schlacksiger und schlampiger und zerfetzter. Während auf der einen Seite die Festmode surrealistisch ausfällt, wird auf der anderen Seite die Alltagsmode immer lässiger nach amerikanischem Vorbild. ‚In' ist nur noch Sportkleidung, kurze Hosen, krawattenlose, offene Hemden für Herren, für Mädchen und Damen besteht die Haartracht in ungepflegten Langmähnen, und als Schuhe sind nur noch Schlappen und Turnschuhe üblich, selbst auf der Bühne, so dass diese Generation auch die Turnschuh-Generation und Bluejeans-Generation genannt wird. Dort, wo noch Dresscode angesagt ist wie auf dem Lady's Day in Ascot in England oder in vornehmen Restaurants und Hotels, sieht man die Damen während des Rennens auf Stöckelschuhen dahertänzeln, bei Beendigung des offiziellen Teils gibt es nichts Eiligeres, als barfuß, die Schuhe in der Hand tragend, die Bühne zu verlassen, oder sich der Stöckelschuhe während des Essens unter dem Tisch zu entledigen und sie später, wenn die Gesellschaft aufbricht, nicht wiederzufinden. Welch ein Schauspiel, ach!

Nun ist die Mode stets ein Sonderfall gewesen, da man halbjährlich im Übergang von der Frühjahrs- zur Herbstkollektion sich etwas Neues einfallen lassen muss und im Griff nach Innovationen zu Extravaganzen seine Zuflucht nimmt, um sich gegenseitig zu übertreffen. Gegebenenfalls fällt man dabei wie in der neuesten Kreation der Amsterdamer Mode- und Designerschule in Simplizität und Leerheit zurück und stlisiert das Banale hoch.

3. Nicht anders verhält es sich mit der Reisewelle. Machten in früheren Jahren gewöhnlich Familien einmal im Jahr während der großen Sommerferien Urlaub mit den Kindern, indem sie zwischen Meer und Bergen, Höhen oder Tälern wechselten, so wurden daraus bald Reisen zweimal im Jahr, dann dreimal, dann beliebig viele, zu Ostern, zu Pfingsten, während der Sommerferien, Herbstferien, Weihnachtsferien, Skiferien usw. Hinzu kommen die verlängerten Wochenenden, bei denen man nicht selten dazwischenliegende Arbeitstage integriert. Natürlich genügt es heute nicht mehr, in der Heimat zu bleiben, sondern selbstverständlich muss man ins ferne und fernste Ausland reisen, nach Südafrika, Südamerika, Fernost, und den Aufenthalt so lange wie möglich hinauszögern, so dass man oft am späten Sonntagabend den Flieger verlässt und bereits am nächsten Morgen in der Frühe sich schlaftrunken im Büro einfindet. Den Vogel schießen die Japaner ab, die innerhalb von zehn Tagen ganz Europa bereisen auf einem Schnelltrip.

Begab man sich früher auf Reisen, nicht ohne sich vorher mit Land und Leuten, Sitten und Gebräuchen über Literatur und Vorträge bekannt gemacht zu haben, so gilt dies als obsolet, da sich die Völker und Länder, wenn sie denn am Tourismus verdienen wollen, sich nach den Touristen zu richten haben statt umgekehrt die Touristen nach den Landesgepflogenheiten. Der moderne Tourist reist von Höhepunkt zu Höhepunkt eines Landes im

Schnelltempo, quasi von Blüte zu Blüte, etwas Honig naschend, freilich ohne tieferen Genuss und tiefere Befriedigung, da er sich weder mit dem Volk noch mit der Kultur auseinandersetzt. Da sich die Zahl der Höhepunkte und Gipfelerlebnisse nicht mehr steigern lässt, zumal sie dem Reisenden bereits bekannt sind und Innovationen nicht zu erwarten stehen, breitet sich in ihm eine Langeweile aus, die zwar sein Bedürfnis nach Unterhaltung weiter steigert, aber ins Leere laufen lässt. Der moderne Tourist reist nicht mehr zum Kennenlernen von Ländern, Völkern und Kulturen, die er ja bereits alle oberflächlich schon kennt, sondern um dabei gewesen zu sein und mitreden zu können. Es ist eben ‚chic', auf den Malediven oder auf Hawaii gewesen zu sein und zur Gruppe der ‚man' zu gehören, wie sie Martin Heidegger[45] in *Sein und Zeit* beschrieben hat. Man liest, was alle lesen, man bewundert, was alle bewundern, man kritisiert, was alle kritisieren, man handelt und lebt als Massenmensch und meint doch, ausgezeichnet zu sein. Der angebliche Individualist geriert sich als Konformist, der nur oberflächlich lebt und der Masse folgt.

Man wird entgegnen wollen, dass doch gerade das Interesse an der Kultur eines Volkes oder der Kunst überhaupt angesichts der Globalisierung gewachsen sei; im Übrigen seien die Museen und Expositionen überfüllt und ließen das Interesse der Menschen an Kunst und Kultur erkennen. Doch genau besehen, verhält es sich hier wie in den vorherigen Fällen: Man besichtigt ein Museum oder eine Ausstellung, weil es gerade das ‚Gold der Inkas' oder das ‚Gold des Priamos' oder die ‚Goldmaske Tutanchamuns' zu sehen gibt oder die Gemälde Picassos, auch wenn sie, wie aus seiner Spätzeit, Geschmiere sind, oder die unzähligen uniformen Seerosenbilder Claude Monets, bei denen es sich größtenteils um Repliken handelt. Man muss sie eben gesehen haben, um mitreden zu können, auch wenn man sie bereits aus dem Internet kennt. Wer verweilt schon vertieft und versunken im Anblick eines ihn ansprechenden Kunstwerks. Es soll nicht bestritten werden, dass gelegentlich Kunststudenten oder Experten, im Gespräch vertieft, vor Kunstwerken verweilen, dass durch Führungen das Kunstinteresse und die Vertiefung in die Werke geweckt wird. Auch Schüler und Jugendliche müssen in die Kunst eingeführt werden, da diese schwer verständlich ist und der ästhetische Sinn erst ausgebildet werden muss. Die Massen, die sich aber vor einem berühmten Gemälde wie der „Mona Lisa" von Leonardo da Vinci im Louvre oder vor dem nicht weniger bekannten Altarbild „Die Anbetung des Lamm Gottes" der Gebrüder van Eyck in Gent einfinden oder, besser gesagt, vorbeischieben, mögen zwar die Kunst der Linienführung und Farbgebung bestaunen, wissen aber kaum etwas damit anzufangen. Hauptsache ist, man hat die Bilder gesehen, weil es zur Allgemeinbildung gehört, wenn man

45 Martin Heidegger: *Sein und Zeit*, a.a.O., S. 126 f.

schon an diesen Orten weilte. Es handelt sich um ein oberflächliches Interesse ohne Tiefgang, denn wahrer Genuss ist Arbeit, Beschäftigung mit dem Werk und Eindringen in dasselbe.

4. Seit dem letzten Viertel des 20. Jahrhunderts und dem ersten des 21. überzieht eine Fülle moderner Technologien wie die Computerisierung und Roboterisierung, die Digitalisierung und die KI-Forschung die Welt und verspricht noch mehr Zeit- und Lustgewinne durch Abnahme der Arbeit, nicht nur der Routinearbeit, sondern auch der extraordinären. Man lehnt sich gemütlich in seinem Lehnstuhl zu Hause zurück und besichtigt per Video und Knopfdruck die Buddha-Statuen aus dem Bamiyan-Tal im fernen Afghanistan[46] oder die Buddha-Höhlen von Yungang in China, wobei man sich selbst das anstrengende Reisen erspart. Man ordert von zu Hause aus per Internet und Knopfdruck eine Liste mit Fertigprodukten und Haushaltsartikeln aus dem nächsten Kaufhaus oder Restaurant und lässt sich durch die Hauslieferung den anstrengenden Gang zum Geschäft und den Transport abnehmen. In der Fabrik genügt ein einziger Aufseher, um über Video und Knopfdruck den ganzen Betrieb zu überwachen und eventuell regulierend einzugreifen. Durch das neue smarte ‚Internet der Dinge' regulieren sich die Dinge in der Smart Firma, in der Smart Wohnung, in der Smart Stadt automatisch selbst untereinander und erübrigen damit eine Zentralleitung. Noch zeit- und arbeitsersparender sind die selbststeuernden Autos, die einem die anstrengende Aufmerksamkeit abnehmen, auf Rotlicht, Vorfahrt oder einbiegende Fahrzeuge zu achten. Der arbeitende Mensch erklärt sich selbst mehr und mehr für überflüssig. Der Trend der modernen Zeit geht daher auf Verkürzung der Arbeitszeit und Zeitgewinn, um noch mehr Freizeit für die eigenen Interessen und Vergnügungen und für die Wahl der Angebote zu haben. Die Siebentagewoche mit sechs Arbeitstagen und einem freien Tag ist schon lange obsolet geworden, an deren Stelle ist inzwischen offiziell die Sechstagewoche mit dem freien Samstag getreten und inoffiziell die Fünfeinhalbtagewoche, da bereits am Freitagmittag die Arbeit niedergelegt wird und die Büros geschlossen werden. Der neueste Vorschlag zielt auf eine weitere Verkürzung auf vier Arbeitstage und drei freie Tage bei gleichem Lohn. Das Argument lautet, dass die moderne Arbeitswelt dank veränderter Methoden und Hilfsmittel wie automatischer Maschinen, Computer und KI eine schnellere Erledigung der Arbeiten und damit mehr Freizeit für Familie, Kinder, Sport und die Ausweitung eigener Interessen, Vorlieben und Vergnügungen gestatte. Zwar läuft die Arbeitgeberschaft Sturm, weil es nicht nur an Fachkräften weltweit auf allen Gebieten mangelt, sondern weil die Einführung dieses Arbeitsmodells zwar einen momentanen Anreiz zur Optimierung der Ar-

46 Heute zerstört.

beit an vier Tagen bietet, aber schnell zur Erschlaffung führt, so dass alsbald nur noch drei, vielleicht zwei Arbeitstage, möglicherweise auch keiner mehr bei vollem Lohnausgleich gefordert würden. Der Vorschlag setzt sich allerdings in rasendem Tempo durch.

Der allerneueste Trend besteht darin, Arbeit und Urlaub miteinander zu verbinden. Das Home Office während der Corona-Pandemie gibt das Vorbild ab, die Arbeit in der eigenen Wohnung oder im eigenen Haus zu erledigen, und zwar nach Ermessen, und zwischendurch der Kinderbetreuung, Beaufsichtigung von deren Schulaufgaben, dem Einkauf oder den eigenen Interessen nachzugehen. IT-Techniker, die an feste Arbeitsplätze nicht gebunden sind, mieten sich gegenwärtig in freistehende Luxushotels in Spanien ein und verlegen dorthin ihre Arbeit, so dass Urlaub mit Arbeit einhergeht, zumal sich ihre Tätigkeit nicht mehr kontrollieren lässt.

Durch KI und die anderen modernen Techniken und Technologien, etwa die modernen Printmedien, die das weltweite Wissen, die weltweite Literatur, die weltweiten Angebote der Vergnügungs- und Unterhaltungsindustrie über Werbung massenhaft verbreiten und damit die Aufforderung zum Konsum verbinden, ist eine Situation entstanden, welche die Zeitgewinne verschlucken lässt. Fällt es schon schwer, das Überangebot an Informationen zur Ausfüllung der Freizeit durch die Freizeitindustrie zu überschauen, so fällt es noch schwerer, es adäquat zu verarbeiten und zu genießen. Da der Mensch nur über eine begrenzte Kapazität verfügt, verflüchtigt sich der Genuss, verschwindet in Oberflächlichkeit, Uniformität, Ermüdung, Langeweile und Sinnleere, die schließlich zum Kollaps führen. Ein nur flüchtiger, oberflächlicher Genuss, ein bloßes Antippen bringt keine wahre Befriedigung, und ein Überfluss an Innovationen lässt die Neuigkeiten selbst verschwimmen, da diese nicht mehr als solche wahrgenommen werden. Obgleich der Mensch mehr Freizeit hat als je in der Vergangenheit, hat er in Wahrheit weniger Zeit, sie zu genießen. Da beides zusammengeht: massenhafte Freizeit und massenhaftes Konsumangebot und schneller, oberflächlicher Genuss, tritt eine Übersättigung ein, mit der der Mensch nicht umzugehen versteht.

Die Gegenwartsanalyse hat deutlich gemacht, dass eine veränderte Technologie wie KI eine radikale Veränderung der Arbeitswelt mit sich bringt, die in diesem Fall mit einer radikalen Verkürzung der Arbeitszeit verbunden ist und eine Neubesinnung auf die Freizeit erfordert. Da diese sich immer mehr ins Unermessliche dehnt, wirft sie die Frage auf, was der Mensch sinnvoll mit dieser Freizeit und Entlastung anfangen kann, ob er ihr ein tieferes Vergnügen und Lust abzugewinnen vermag oder nur Oberflächlichkeit und Langeweile, da alles auf Konsumverhalten abgestellt ist, ohne sich den Konsum erarbeiten zu müssen und damit verbundene Erfolgs- und Glücksempfindungen zu haben. Die Antwort scheint vorprogrammiert: Abnutzungserscheinungen, Innovationsverlust, Verarmung, Veroberflächlichung, Langeweile, Lebensmüdigkeit und schließlich Suizid. Die Folge einer Übersättigung der Wohlstands- und reinen Genuss- und Konsumgesellschaft ist Leere und Langeweile, Überdruss, der nicht nur zu Streitigkeiten bei geringstem Anlass führt, da es sonst nichts zu tun gibt, sondern zum Überdruss des Lebens und schließlich zur Suspendierung desselben. Da der Mensch nichts mehr mit sich selbst und seiner Umwelt anzufangen weiß, weil KI und Algorithmen ihm alles abnehmen, wird er selber überflüssig, ja er macht sich selbst überflüssig. Das genau ist der Einstieg in ein posthumanes Zeitalter.[47]

47 Ich bin mir sicher, dass die gegenwärtig beklagte Zunahme psychischer Erkrankungen von Kindern während der Corona-Zeit, die auf Kontaktmangel zurückgeführt wird, nicht diese Ursache hat, sondern eine Folge falscher Erziehung und anormalen Lebens ist, eben des Überflusses von allem, des Genusses, der Leichtigkeit aller Problemlösungen, des Fehlens von Anstrengung und Mühe. Kinder werden bis zum Exzess verwöhnt, bekommen alle Wünsche erfüllt, schon deswegen, weil beide Elternteile arbeiten, keine Zeit haben, sich um das Kind zu kümmern und es daher ruhigstellen müssen. Wurde einem Kind schon einmal etwas verwehrt? Selbst in diesem Fall greift der Sozialstaat ein und erfüllt die Wünsche. Bei schicksalhafter Veränderung der Zeiten wie der Corona-Pandemie, wenn Kinder erstmals wirkliche Entbehrung wie im sozialen Kontakt kennenlernen, fallen sie in ein schwarzes Loch, da sie keine gefestigten und gestählten Charaktere haben, die ihnen den Umgang mit den Imponderabilien des Lebens ermöglicht.

3. Kapitel: Vergleich der europäischen Kulturgeschichte mit anderen: der indischen und der fernöstlichen

Nach der Darstellung der westlichen Kulturentwicklung dürfte es nicht schwerfallen, die Differenz zu anderen kulturellen Entwicklungen wie der indischen und der fernöstlichen herauszustellen, wiewohl wir mit diesen weniger vertraut sind.

Über die indische Kultur und Philosophie lässt sich das aus dem Sanskrit stammende Wort Yoga (योग) setzen, das ‚anspannen', ‚anschirren', ‚zusammenbinden', ‚unter ein Joch bringen' bedeutet und auf anspannende Konzentration und Besinnung auf sich weist. Seit Mitte des 18. Jahrhunderts ist Yoga auch im Westen bekannt und wird in modifizierter Form zu medizinischen und psychologischen Zwecken als Psychotechnik angewendet, da sich bestimmte Techniken des Yoga als beruhigend und mental stabilisierend erwiesen haben.[48] Vor allem wurde Yoga von der New Age-Bewegung absorbiert und erfreut sich dort als eine bestimmte Gymnastikübung (Stehen auf einem Bein mit angewinkeltem zweiten und den Händen hoch über dem Kopf zusammengenommen) großer Beliebtheit.

Auch wenn Yoga das indische Leben nicht in dem Ausmaß durchdrungen hat wie die Technik die westliche Welt, so gehört Yoga doch zum Selbstverständnis des indischen Menschen und seiner Lebensanschauung, welche das Alltagsbewusstsein bis zu den höchsten Bewusstseinsformen prägt. Es gibt verschiedene Yoga-Schulen mit je unterschiedlicher Akzentuierung, sei es der mehr spirituellen und intellektuellen Selbsterkenntnis oder des praktischen Handelns oder der Hingabe an andere, der Liebe und Selbstaufopferung. In allen Formen aber zielt Yoga auf die Selbstvervollkommnung des Menschen. Yoga ist auf das menschliche Sein und dessen Formung und Gestaltung gerichtet, anders als im Westen, dessen Gesinnung auf äußere Gegenstände, die Natur, und deren Herrichtung zum Zwecke und zur Tauglichkeit für den Menschen abgestellt ist.

Obgleich Yoga schon in der *Bhagavad Gita* und den *Upanischaden* vorkommt, hat doch erst Patañjali die vielen heterogenen, zwischen dem 4. und

48 Vgl. J. Yogendra, Hansaji J. Yogendra, S. Ambardekar, R. D. Lele, S. Shetty. M. Dave, Naaznin Husein: *Benefical effects* of yoga lifestyle on reversibility of ischaemic heart disease: caring heart project of international Board of Yoga, in: *The Journal of the Association of Physicians of India*, Bd. 52 (April 2004), S. 283-289; Sat Bir S. Khalsa: *Treatment of chronic insomnia with yoga: a preliminary study with sleeep-wake diaries,* in: *Applied Psychophysiology and Biofeedback,* Bd. 29, Nr. 4 (Dez. 2004), S.269-278; P. J. John, Neha Sharma, Chandra M. Sharma, Arvind Kankane: *Effectiveness of yoga therapy in the treatment of migraine without aura*: a randomized controlled trial, in: *Headache.* Bd. 47 (Mai 2007), S. 654-661; Elisa Harumi Kozasa, Ruth Ferreira Santos, Adriana Dourado Rueda, Ana Amélia Benedito-Silva, Felipe Leite Moraes De Ornellas, José Roberto Leite: *Evaluation of Siddha Samadhi Yoga for anxiety and depression symptoms*: a preliminary study, in: *Pychological reports,* Bd. 103, Nr. 1 (August 2008), S. 271-274.

2. vorchristlichen Jahrhundert ausgeprägten Formen zusammengefasst und verbindlich im *Yoga-Sutra* niedergelegt, einem vielbändigen Werk, bestehend aus 190 kurzen Merksprüchen, den Sutren,[49] Dem Westen näher gebracht hat dieses Phänomen, auch in seiner tieferen philosophischen Bedeutung, allererst Mircea Eliade[50] mit seinem Buch *Yoga*, nicht zuletzt aufgrund eigener langjähriger Praxis. Aus diesem Grunde möchte ich seinen Ausführungen im Wesentlichen folgen.

Yoga ist ein Stufenweg. Eliade unterscheidet neun Stadien oder Stufen, die über körperliche, psychische und geistige Praktiken zu einer spirituellen Seinsverfassung des Menschen führen sollen, die man Erleuchtung nennen kann. Zu unterscheiden sind *erstens* Bezähmungen (*yama*), *zweitens* Disziplinen (*niyama*), *drittens* Körperhaltungen und Stellungen (*âsana*), *viertens* Atemübungen (*prâṇâyâma*), *fünftens* Ablösung der Empfindungen von äußeren Objekten und deren Herrschaft über sie (*pratyâhâra*), *sechstens* Konzentrationsübungen (*dhâraṇâ*), *siebtens y*ogische Meditation (*dhyâna*), *achtens* samâdhi mit Stütze und *neuntens* samâdhi ohne Stütze. Die ersten beiden Stufen sind nicht spezifisch yogisch, sondern stellen Präliminarien dar, die auch andere Ethiken charakterisieren. Sie artikulieren Verbote und Gebote, wie sie auch aus anderen Religionen und Kulturen bekannt sind, so das Verletzungs- und Tötungsverbot, das Lügenverbot, das Diebstahlverbot sowie Vorschriften sexueller Abstinenz, Enthaltung von Gier und Habsucht. Auch das Christentum kennt unter den zehn Geboten einige von ihnen wie das Gebot nicht zu töten, nicht zu lügen, d.h. niemanden wegen eines vorgetäuschten Deliktes vor Gericht zu zerren und anzuklagen oder, aus dem weiteren Verhaltenskodex, das Gebot der Askese. Es handelt sich um fundamentale Enthaltungs- und Reinigungsgebote, die Bezähmungen genannt werden.

Wie diese vor allem der äußeren körperlichen Enthaltung dienen, so fungieren auch die weiteren Disziplinen der teils physischen, teils psychischen, teils geistigen Beherrschung und Zähmung aller Arten von Ablenkung. Hieraus ist ersichtlich, dass es nicht um die äußere Beherrschung der Natur, sondern um die Beherrschung des Menschen, seiner Triebe und Begierden geht im totalen Gegensatz zum Westen mitsamt seiner Technik. Wenn im Osten von Technik gesprochen wird, so handelt es sich um physische und psychische sowie geistige Techniken der Beherrschung des menschlichen Seins.

Erst mit der dritten Stufe, den Körperhaltungen, beginnen die spezi-

49 Vgl. *Die Wurzeln des Yoga* – Die Yoga-Sutren des Patañjali mit einem Kommentar von P. Y. Deshpande, mit einer neuen Übertragung der Sutren aus dem Sanskrit, hrsg. von Bettina Bäumer, Bern, München, Wien 1976.

50 Mircea Eliade: *Yoga*. Unsterblichkeit und Freiheit (Titel der Originalausgabe *Le Yoga*, Paris), aus dem Französischen übersetzt von Inge Köck, Zürich 1960, weitere Aufl. Frankfurt a. M. 1985.

fisch yogischen Techniken. Dazu gehört der bekannte Lotussitz mit der Aufrechtstellung des Oberkörpers und der Kreuzung der Beine, was dem Körper eine äußerliche Stabilität verschaffen und ihn aus dem übrigen umgebenden Kosmos ausgrenzen und ihn auf sich selbst beziehen soll. Absicht ist es, einen festen Block, ein geschlossenes, einheitliches Ganzes zu bilden, das aus der äußeren Fluktuation und Zerstreuung der Welt herausgenommen und von dieser nicht mehr tangiert und ablenkt wird. Des Weiteren gehören Atemübungen hierzu, wobei das normalerweise unregelmäßig verlaufende Atmen, das einmal schneller, einmal langsamer erfolgt, diszipliniert, d.h. rhythmisiert und damit auch verlangsamt werden soll, um eine Ruhigstellung des Körpers zu bewirken. Gleichmäßige Züge des Ein- und Ausatmens verlangsamen alle Aktivitäten des Körpers. Überhaupt ist eine Verlangsamung intendiert, die, vom Körper ausgehend, sich auf die inneren Gemütsbewegungen und Bewusstseinstätigkeiten überträgt. Eliade vermutet, dass durch die Disziplinierung des Atems ein Zustand des Tiefschlafes beabsichtigt ist, der dem Winterschlaf der Tiere gleicht[51] und damit der uralten Menschheitssehnsucht nach der Seligkeit der Tiere näher kommt. Bei dieser Atemtechnik geht es darum, eine interne Zirkulation der Lebenskräfte zu erreichen, die geschlossen und undurchdringlich in sich selber kreist.

Auf der folgenden Stufe geht es um den Rückzug der Sinnesempfindungen und Gedanken, die gewöhnlich von der Außenwelt absorbiert werden, auf sich selbst. Der Yogi soll von der gewöhnlichen Faszination und Absorbierung der Sinnesempfindungen durch die Außenwelt Abstand nehmen, sich befreien und sich auf sich konzentrieren. Es ist die letzte Stufe der physisch-psychischen Askese.

Bei diesem Vorgang helfen ihm Konzentrationsübungen wie beispielsweise die Fixierung auf einen bestimmten Punkt, etwa auf die Nasenspitze oder den Nabel in der berühmten Omphaloskopie oder auch auf die Zungenspitze oder einen sonstigen beliebigen Gegenstand oder Ort. Dieselbe Wirkung wird dem monotonen Murmeln sinnloser Silben wie jener von *om mani padme hum* zugeschrieben, wie es in der tibetischen Praxis des Mahajana-Buddhismus üblich ist und durch die Praxis des Drehens von Gebetsmühlen oder das permanente Umrunden eines Tempels unterstützt wird. Der Sinn dieser Übung besteht darin, nicht nur den Körper, sondern auch den Geist auf sich zu beziehen, eine Autonomie des Intellekts zu erreichen, bei der der Yogi oder die Yogin die Stimuli der Außenwelt, die das Bewusstsein immer wieder abzulenken drohen, gänzlich eliminiert. Der Zustand entspricht dem des pflanzlichen Seins.[52] Das vegetative pflanzliche Dasein ist in der indischen Vorstellungswelt nichts Negatives, wie die häufige Darstellung der Lotusblüte

51 Vgl. a.a.O., S. 70.

52 Vgl. a.a.O., S. 76.

zeigt, deren Knospe und Blüte auf der Oberfläche des Wassers liegen und deren Wurzeln in die Tiefe reichen. Sie ist ein Symbol kosmischer Manifestation und Verankerung. Das Ziel ist eine autarke innere, für sich bestehende Zirkulation des Seins und Lebens. Man dürfte in der Interpretation nicht fehlgehen, wenn man in dem gesamten Stufenweg den Versuch sieht, einen embryonalen, für sich bestehenden, in sich kreisenden Zustand zu erreichen, der Ursprung von allem und Ziel der Rückkehr zu sich ist.

Das Ende des Stufenweges stellt der samâdhi-Zustand dar, der mit Erleuchtung wiedergegeben wird. Beschrieben wird er als ein Zustand der Ruhe, der körperlichen Levitation und der geistigen Helle sowie der inneren Glückseligkeit. Unterschieden wird noch samâdhi mit Stütze, wobei dieser auf die Zuhilfenahme eines Objekts oder Gedankens angewiesen ist, also einer Stütze bedarf, worauf sich das Denken richtet, während der letzte, höchste Zustand darauf verzichtet und ohne Abstützung auskommt. Wie schon beschrieben, soll dieser Zustand nach Aussage der Meister ein rein geistiger sein mit körperlicher Schwerelosigkeit, Empfindungslosigkeit sowie innerer psychischer Glückseligkeit.

Der Eintritt dieses Zustandes lässt sich nur so erklären, dass auf dem Höhepunkt der Konzentration, dem höchsten Grad der Anspannung, der Umschlag in die Entspannung und Weitung erfolgt.[53] Diejenigen, die dieses Erlebnis hatten oder vorgaben, es erlebt zu haben, beschreiben es mittels einer paradoxen Begrifflichkeit, da es sich in normaler begrifflicher Sprache nicht mehr ausdrücken lässt. Es ist gleicherweise Anstrengung wie Entspannung, Konzentration wie Weitung, Begrenzung wie Entgrenzung, Enge wie Weite. Als transzendenter oder transhumaner Zustand kann er nur noch aktuell vollzogen, nicht mehr jedoch sprachlich geäußert werden. Angesichts des Versagens der Sprache üben sich die Meister im Schweigen wie in der Mystik oder gebrauchen allenfalls Bilder und Vergleiche oder Parabeln, die dem Uneingeweihten doch unverständlich bleiben.

Die Schilderung dürfte einen guten Einblick gegeben haben, inwiefern sich die indische Yoga-Technik als Beherrschung des Menschen von der westlichen Technik als Beherrschung der Natur unterscheidet. Eine Übereinstimmung freilich gibt es dennoch zwischen beiden, insofern beide auf je eigene Weise versuchen, die profane Welt zu transzendieren und den Seinsstatus des Göttlichen und Übermächtigen zu erreichen.

Wenn sich Indien durch Yogis, Gurus, Fakire, Säulenheilige,[54] Jongleure und Zauberer auszeichnet, welche letzteren oft während der Meditationspra-

53 Herrmann Schmitz: *System der Philosophie,* Bd. II,1: Der Leib, Bonn 1965, S. 73 ff., 89 ff., 126 ff., 189 ff., der sich ebenfalls mit diesem Phänomen ausführlich befasst hat, erklärt das Zustandekommen der Entspannung aus dem Umschlag der Anspannung in das Gegenteil im Augenblick des Extrems.

54 Meditierende, die auf einem Fuß auf einer Säule stehen.

xis auf halbem Wege stecken blieben und die dort errungenen Fähigkeiten wie Gefühlslosigkeit wie das Schlafen auf einem Nagelbrett zur Schau stellen und in bare Münze umsetzen, so lässt sich Japan durch die Zen-Meditation, den Schwerterkampf, die Kunst des Bogenschießens, Ikebana, Tuschezeichnungen und Kalligraphie charakterisieren. Wie in Indien sollen sie ebenfalls zu einem geistig-spirituellen Zustand führen, der auf dem Höhepunkt das Einssein mit dem All, der Natur, die Aufhebung aller Differenzen zwischen Subjekt und Objekt, Leben und Tod, Sein und Nichtsein bedeutet und auf einen beglückend und befreiend erlebten Zustand des Gleichmuts hinausläuft. Möglicherweise fallen beide Techniken, Yoga und Zen, zusammen, nur dass sie sich in der Methodik unterscheiden, indem Yoga einen mehr intellektuellen, spirituellen Weg einschlägt, Zen einen mehr praktisch-handwerklichen. Außer diesen beiden gibt es noch einen dritten Weg, den der Hingabe und Nächstenliebe, der auch in der christlichen Religion bekannt ist und im Mönchtum praktiziert wird.

Obwohl Indien das Ursprungsland mehrerer Religionen und Lebenspraktiken ist, sowohl des Hinduismus, des Yoga wie des Dhyana-Buddhismus, hat der letztere einen Weg über China und die dortige Ausprägung bis nach Japan genommen, wo er unter dem Namen Zen-Buddhismus bekannt und inzwischen für ganz Japan typisch geworden ist.[55] Da die östlichen religiösen und existentiellen Einstellungen und Praktiken im Großen und Ganzen dem Westen fremd und unverständlich sind aufgrund eines Entwicklungsprozesses, der eine gänzlich andere Richtung genommen hat als die technisch-technologische, bedurfte es erst des einfühlsamen Buches von Eugen Herrigel *Zen oder die Kunst des Bogenschiessens*,[56] das auf langjährigen eigenen Erfahrungen des Autors basiert, um dem westlichen Allgemeinverständnis die Eigenart des östlichen Verhaltens näherzubringen. Herrigel, ein deutscher Universitätsdozent, der sechs Jahre lang in Japan an der Tokio Universität Geschichte der Philosophie lehrte und sich schon in seiner Jugend sportlich mit Pfeil und Bogen und Schießübungen beschäftigt hatte, suchte in Japan einen Zen-Meister auf, um in die japanische Kunst des Bogenschießens eingewiesen zu werden. Kunst gegenüber Technik dürfte der passendere Name sein, da es sich um einen Sakralvorgang handelt. Der Meister erklärte Herrigel und den anderen Schülern den typischen Bau des japanischen Bogens, dessen Herstellung aus Bambus, wies sie in die Grundstellung des Körpers beim Bogenschießen ein, in das richtige Halten des Bogens, der symbolisch zum All ausgedehnt wurde, und des Pfeils, erklärte,

55 Obwohl die vielen religiösen und philosophischen Strömungen des Ostens nicht strikt zu trennen sind, sondern vielfältige Einflüsse aufeinander ausgeübt haben, lässt sich der Zen-Buddhismus aufgrund seines Schriftenreichtums und seiner Schulbildungen relativ gut von anderen Strömungen abheben.

56 Eugen Herrigel: *Zen in der Kunst des Bogenschiessens*, München-Planegg, 8. Aufl. 1959.

dass nicht die ganze Körperkraft zum Bogenschießen aufzuwenden sei, die Arbeit sich vielmehr auf die Hände verlagere, während die Armmuskulatur locker zu halten sei u.ä. Hinzu kam die richtige Atemübung, Einatmen und langsam dahinfließendes Ausatmen, oder Pressung gegen die Bauchwand und Anhalten. Herrigel schildert, wie er sich ein ganzes Jahr lang intensiv und mit Kraftaufwand um die richtige Technik bemühte. Nach einem Jahr war er allerdings frustriert, da er keinerlei Fortschritte gemacht hatte. Während der Ferien übte er daher am Strand, um dem Meister später einige Erfolge vorweisen zu können. Er übte, wie er es gemäß westlicher Tradition gewohnt war, in intentionaler Einstellung auf das Ziel hin, d.h. ziel- und zweckgerichtet.

Zurückgekehrt zum Unterricht, führte er dem Meister seine Kunst vor, worauf dieser ihm Pfeil und Bogen abnahm und jeden weiteren Unterricht verweigerte, da er sich hintergangen und getäuscht fühlte. Erst nach langer Ausräumung des Missverständnisses – Herrigel hatte in typisch westlicher Einstellung diesen Fortschritt erreicht, der der japanischen Einstellung total zuwiderläuft– war der Meister zur Fortsetzung des Unterrichts und der Übungen bereit. Aufgabe und Ziel der japanischen Kunst des Bogenschießens ist eine nicht ziel- und zweckgerichtete Einstellung des Menschen, sowohl eine körperliche wie eine von dieser auf den Geist wirkende geistig-mentale Einstellung, die gerade in der Überwindung der Differenz und Relationalität zwischen Subjekt und Objekt besteht. Es gilt, das Selbst oder Ich und seine Selbstbezogenheit aufzugeben[57] und sich völlig in die Natur einzufügen und eine Einheit und Harmonie beider herzustellen, so dass letztlich alle äußere Technik mit Pfeil und Bogen oder anderen Geräten überflüssig wird und nur die innere Einheit mit der Natur und dem All zählt. Man hat die Zen-Meditation oft mit Heinrich von Kleists[58] Schrift *Über das Marionettentheater* verglichen, in der es ebenfalls darum geht, den Mittelpunkt, das Zentrum aller Fäden und Bewegungen, zu finden, von dem aus alle Körperteile der Marionette, ob größere oder kleinere, an längeren oder kürzeren Fäden hängend, in voller Harmonie bewegt werden. Der Spieler muss den Mittelpunkt finden, von dem aus alle Glieder der Marionette in völligem Gleichklang aufeinander abgestimmt sind und sich bewegen, ohne dass es irgendeine abrupte, verzögerte oder hektische Bewegung gibt.

Die ganze äußere Übung hat den alleinigen Sinn, einen inneren, geistigen, mentalen, spirituellen Zustand zu gewinnen, der sich selbstlos in den Kosmos einfügt, so wie die Spinne unbewusst ihr Netz webt oder die Flie-

57 Vgl. a.a.O., S. 49.

58 Heinrich von Kleist: *Über das Marionettentheater*, in: *Sämtliche Werke und Briefe*, Bd. 2, hrsg. von Helmut Sembdner, 2., vermehrte und auf Grund der Erstdrucke und Handschriften völlig revidierte Aufl. München 1961, S. 338-345.

ge unbewusst sich darin verfängt.[59] Von hieraus erklärt sich, dass es sich um keine Technik in unserem Sinne, sondern um eine Kunst handelt, genauso wie bei Kalligraphie oder Ikebana. Auch diese Künste laufen über äußerste Anspannung und Konzentration ab, welche sich dann selbständig in die Freiheit und Leichtigkeit des Zieltreffens übersetzen. Es ist nicht mehr der Mensch, der zielt, sondern ‚es', das die Differenz immer schon überwunden hat und die Einheit aller Gegensätze einschließlich des von Leben und Tod überwunden hat. So kann die ganze Übung als eine Suche nach einer bestimmten Existenzweise interpretiert werden, in der die Gegensätze wie Leben und Tod gleichgültig geworden sind und in der sich daher Gleichmut einstellt.[60]

Anhand einer anderen für Japan typischen Kunstfertigkeit, der Schwertkunst, die auf die Samurai und ihren ritterlichen Kampf auf Leben und Tod zurückgeht, schildert Herrigel die echte Einstellung eines Samurai, der selbstlos und ebenso unbefangen vom Gegner weder mit einem Gedanken an sich selbst, sein Ich, noch an den anderen, das Du, das Schwert führt, damit letztlich auch unbefangen von dem Gedanken an Leben oder Tod. Es ist ein Paradox, dass es hier faktisch um Leben und Tod geht und dennoch der Samurai hieran keinen intentionalen Gedanken verschwendet, sondern sich derart in das Geschehen fügt, dass nicht er das Schwert führt, sondern das Geschehen, das man „es" nennen mag.

Der Großmeister Takuan fasst in seinem Traktat über *Das unbewegte Begreifen* die Kunst des Schwertkampfes so zusammen:

> „Alles also ist Leere: du selbst, das gezückte Schwert und die schwertführenden Arme. Ja, sogar der Gedanke der Leere ist nicht mehr da." „Aus solcher absoluten Leere entspringt die wunderbare Entfaltung des Tuns."[61]

Und Herrigel selbst kommentiert die Haltung des echten Samurai so:

> „In jahrelangem unausgesetztem Meditieren hat er erfahren, daß Leben und Tod im Grunde ein und dasselbe sind und derselben Schicksalsebene angehören. So weiß er nicht mehr, was Angst des Lebens und Furcht des Todes ist. Er lebt – und dies ist für das Zen überaus charakteristisch – gern in der Welt, aber jederzeit dazu bereit, aus ihr zu scheiden, ohne sich durch den

59 Vgl. Eugen Herrigel: *Zen in der Kunst des Bogenschiessens*, a.a.O., S. 72.

60 Vgl. a.a.O., S. 76.

61 A.a.O., S. 89.

> Gedanken an den Tod beirren zu lassen. Es ist nicht von ungefähr, daß die Gesinnung der Samurai als lauterstes Symbol die zarte Kirschblüte gewählt hat. Wie sich ein Kirschblütenblatt im Strahl der Morgensonne löst und heiter schimmernd zur Erde gleitet, so muß sich der Furchtlose vom Dasein lösen können, lautlos und innerlich unbewegt."[62]

Der Unterschied zwischen Ost und West könnte nicht größer gedacht werden, selbst wenn an der obigen Darstellung gewisse Abzüge vorgenommen werden müssten, da es hier um die Herausarbeitung der Grunddifferenz geht. Ist der östliche Mensch, zumindest der traditionelle, was die Einstellung des Ich oder Selbst zur Natur betrifft, um die Einbettung in dieselbe bemüht, so der westliche um die Herrschaft über die Natur und, was die Begierden, die sinnlich-trieblichen wie die intellektuellen, betrifft, der östliche um Ruhigstellung, Unterdrückung und Eliminierung derselben, der westliche um die Anheizung und Steigerung nach dem Motto ‚immer mehr'. Bei dem einen wird die Freiheit von allen Emotionen und Begierden angestrebt durch Disziplinierung und Konzentration in der meditativen Kunst, bei dem anderen die Steigerung derselben durch Technikbesessenheit.

Auch wenn der heutige westliche Mensch aufgrund seiner Entwicklung ganz auf KI abgefahren ist, fragt sich doch, ob nicht auch diese Kultur Gegenbewegungen enthält, die nicht ignoriert werden können und die im letzten Teil des Buches diskutiert werden sollen.

Zuvor soll jedoch im II. Teil des Buches das Verhältnis Natur – KI, Mensch – Roboter untersucht werden, und zwar anhand eines signifikanten Beispiels, dem Mythos und Logos, die hier stellvertretend für die Gegensätze stehen. Im Mythos, in der Erzählung, drückt der Mensch sein Welt- und Seinsverständnis aus, und er tut dies mittels der Sprache, in die er seine ganze sinnliche Wahrnehmung und Gefühlswelt, seine Stimmungen und Befindlichkeiten legt, während Logos die Beschränkung auf die rationale Seite bedeutet, so dass Mythos und Logos als Paradigmen für den unreduzierten, vollständigen, gesamtheitlichen und den reduzierten Menschen stehen können. Bevor das Verhältnis beider zueinander, ihre Übersetzbarkeit – totale oder partiale – ineinander thematisiert werden kann, sind beide für sich zu exponieren.

62 A.a.O., S. 76.

II. Teil: Mythos und Logos. Ein Beitrag zum Verhältnis beider

1. Kapitel: Prinzipielle Kritik an der traditionellen Auffassung von Mythos und Logos

Seitdem Wilhelm Nestle sein Buch mit dem prägnanten und provokanten Titel ‚*Vom Mythos zum Logos.* Die Selbstentfaltung des griechischen Denkens von Homer bis auf die Sophistik und Sokrates'[63] publizierte, hat sich in der wissenschaftlichen Welt die Vorstellung eingebürgert, *erstens* dass innerhalb der europäischen Denkgeschichte ein Wandel vom Mythos zum Logos, von der Erzählung, der Sage, dem Märchen, der Fabel, dem Narrativ überhaupt, zum logisch rationalen Denken stattgefunden habe, wobei Mythos und Logos zwei verschiedene Interpretationen der Welt bilden, und *zweitens*, dass dieser Übergang von einer Methode zur anderen ein spezifisch abendländisch-europäischer sei und nur das abendländische Denken betreffe.

Die in dieses Klischee eingegangenen Prämissen bedürfen der Aufklärung und Zurechtweisung. Zum einen suggeriert Nestles Titel und insbesondere seine Selbstinterpretation im Untertitel, dass es sich bei dem Wandel um eine „Selbstentfaltung" des Geistes in Analogie zur Entfaltung von Blumen, etwa einer Sonnenblume, aus der Knospe zur vollen Blüte handle, wobei im Anfang und in nuce, d.h. in der Knospe bereits alle Elemente und Eigenschaften enthalten sind, die expliziert werden. Davon kann im griechischen Denken nicht die Rede sein, da recht heterogene Stadien in der Geschichte der griechischen Philosophie durchlaufen werden, wie mythennahe über atomistische zu idealistischen, und Positionen oft konfligieren. Eher ähnelt der Prozess einer Entwicklung vom Samen über diverse Stadien wie den Keimling zur voll entwickelten Pflanze und Frucht oder, noch genauer, einer Evolution, bei der im Laufe der Entwicklung Sprünge durch Mutanten auftreten, von denen die einen, die bestangepassten, sich durchsetzen und eine gänzlich neue Richtung einschlagen. So verhält es sich beim Mythos und Logos, die diversen, ja einander opponierten Genera oder Codes angehören, der Mythos der Erzählung, die ein sinnlich anschauliches, auch emotional empfundenes Bild der Welt und des Lebens vor Augen stellt und eine allgemeinverständliche und nachvollziehbare Sinndeutung und Bewältigung der Lebensprobleme liefert, und der Logos der Rationalität, die eine formale Strukturierung der sinnlichen Welt liefert, wie sie explizit in der Logik vorliegt.

So stellt sich die Frage nach dem exakten Verhältnis beider. Ist ihr Verhältnis eines totaler Opposition, derart dass die Negation des einen die Posi-

63 2. Ausg. Stuttgart 1940.

tion des anderen ergibt? Oder ist ihr Verhältnis trotz augenscheinlicher Konfrontation so zu denken wie das Verhältnis Anschauung – Verstand, nämlich dass der sinnlichen Anschauung und Bildhaftigkeit rationale Verstandesstrukturen zugrunde liegen bzw. zugrunde gelegt werden können oder, anders ausgedrückt, dass sich Anschauliches durch Rationalität interpretieren lässt, wenngleich ins Unendliche, ohne es jemals gänzlich zu erreichen.

Ich möchte im Folgenden zweierlei zeigen, *einmal*, dass Mythos und Logos keineswegs in einem antagonistischen, einander ausschließenden Verhältnis zueinander stehen, wie es sowohl die erste, die griechische Aufklärung wie auch die zweite, europäische im 15./16. Jahrhundert im Abendland suggerierten, welche die geschichtliche Kontinuität des Denkens durch die Aufklärung unterbrochen oder gar beendet sahen und den weiteren Verlauf als Verstandes- und Vernunftkultur von der Mythologie abhoben, sondern dass der Mythologie rationale Strukturen innewohnen, die explizierbar sind durch Logik, allerdings durch eine erweiterte Logik, als es die auf den Satz des auszuschließenden Widerspruchs eingeschränkte aristotelische ist, und *zweitens*, dass Logik kein ausschließlich abendländisch-europäisches Geistesprodukt ist, während der Mythos allen Kulturen zukommt.

Dass Mythen in jedem Erdteil der Welt existieren, ist Allgemeingut; dass Logik in der systematischen Form der aristotelischen Logik und die darauf basierende rationale Philosophie ein ausschließliches Geistesprodukt des Abendlandes sind, ist die These Martin Heideggers und Hans-Georg Gadamers, welche von vielen Interpreten nachgesprochen wird. Sie geht zurück auf Heideggers Aussage in dem Beitrag *Was ist das – die Philosophie?*[64]:

> „Die oft gehörte Redeweise von der ‚abendländisch-europäischen Philosophie' ist in Wahrheit eine Tautologie. Warum? Weil die ‚Philosophie' in ihrem Wesen griechisch ist – griechisch heißt hier: die Philosophie ist im Ursprung ihres Wesens von der Art, daß sie zuerst das Griechentum, und nur dieses, in Anspruch genommen hat, um sich zu entfalten."

Diese These ist aus drei Gründen unhaltbar: *Erstens*, schon die aristotelische Logik, die schlechthin als ‚die Logik' identifiziert wird, ist kein unveränderliches System. Zum einen hat sie Vorläufer, so z.B. in Platons logischen Untersuchungen zum Satz des auszuschließenden Widerspruchs, den er mehrfach in seinen Dialogen, sowohl in der *Politeia* 436b ff, 439b, 602e, 604b wie auch im *Sophistes* 259c f., erörtert. Während Platon eine umfangreiche *ontologische* Interpretation dieses Satzes vorlegt, eine, die sich auf die Realität be-

64 1950, Pfullingen 1956, S. 12 f.

zieht, beschränkt sich Aristoteles auf eine rein begriffliche. Bei Platon lautet der fragliche Satz:

> „Offenbar ist doch, daß dasselbe nie zu gleicher Zeit Entgegengesetztes tun und leiden wird, wenigstens nicht in demselben Sinne genommen und in Beziehung auf ein und dasselbe." (*Politeia* 436b).

Das Festhalten an der Identität (Selbigkeit) betrifft *erstens* das Subjekt, *zweitens* das Prädikat, *drittens* den Sinn, *viertens* die Hinsicht und *fünftens* die zeitliche Bestimmung. Da Sokrates als Person nicht zur selben Zeit klein und groß sein kann, vielmehr klein als Kind und groß als Erwachsener, bezieht sich die zeitliche Bestimmung nur auf die Realität, nicht auf die Begriffswelt. In letzterer bleibt z.B. der Weißhaarige weißhaarig zu jeder Zeit, mithin zeitlos, da die Weißhaarigkeit im Begriff des Weißhaarigen liegt.

Nicht nur hat die von Aristoteles erstmals systematisch zusammengestellte Logik historische Vorläufer, sie selbst hat auch eine Entwicklung durchgemacht, was nicht nur die scholastische Logik im Mittelalter betrifft, sondern auch die modernen Logiken. Die Erweiterung durch Modalbegriffe wie Möglichkeit und Notwendigkeit ging in Richtung einer Modallogik, die Erweiterung von wahr und falsch durch eine dritte (zukünftige) Möglichkeit in die Richtung einer mehrwertigen Logik, das Ernstnehmen der Unschärfe führte zur fuzzy-set-Theorie, die Berücksichtigung epistemischer Begriffe wie Erkenntnis und Meinung zur epistemischen Logik, der Rekurs auf Pflichten, die nicht der Alternative von wahr und falsch unterliegen, sondern den Kategorien von zulässig und unzulässig unterstehen und damit über die klassische Logik hinausgehen, zur deontischen Logik.

Zweitens: Rekurriert man auf das griechische Wort λόγος, abgeleitet aus λέγειν = ‚reden', ‚sprechen', ‚lesen', ursprünglich ‚zusammenlegen von Teilen', z.B. von Buchstaben, Schriftzeichen u.ä., so bedeutet es ‚zusammensetzen'. Dies meint nicht eine willkürliche, beliebige Zusammensetzung, ein kontingentes Zusammenwürfeln zu einem Haufen oder Aggregat, sondern eine sinnvolle Zusammenstellung nach Ordnungskriterien. Solche Ordnungskriterien gibt es eine ganze Reihe, nicht nur die, die sich in der abendländisch-aristotelischen Logik niederschlagen, welche eine ganz spezielle Struktur verfolgt, nämlich eine hierarchische Klassifikation bzw. Spezifikation. Daneben gibt es parataktische, nebenordnende Strukturen wie in der Auflistung oder Topologie, Kreisstrukturen wie in der zyklischen Logik, Kettenstrukturen wie in der Literatur usw. Dies ergibt je verschiedene Logiktypen. Natürlich könnte man den Terminus Logik ausschließlich auf die eine Art, die klassisch aristotelische, restringieren; das aber hieße wie beim Vergleich mit Obst, dass man den Begriff Obst nur auf Äpfel anwendete und Birnen, Pflaumen, Kirschen u.ä. ausschlösse. Der Begriff Logik im Sinne einer geordneten Zusammenstellung ist sehr viel umfassender als der spezifisch aristotelische Logiktyp und auf sämtliche Ordnungsstrukturen des Denkens anwendbar. Dies bedeutet keineswegs eine willkürliche Erweiterung, sondern die Anwendung der Grundbedeutung von Logik auf andere Typen von Rationalität, die Heidegger und Gadamer sei es nicht gekannt oder aus nicht verstehbaren Gründen nicht akzeptiert haben und daher auf den aristotelischen Typ einschränkten.

Dabei ist es gleichgültig, in welchem Medium sich diese Ordnungsstrukturen finden, in welchem Material sie präsentiert werden, ob möglichst abstrakt in der Syntax von Sätzen oder bildhaft in Erzählungen, visuell in der Malerei, akustisch in der Musik oder kinetisch im Tanz. Es geht prinzipiell um die Herausarbeitung logisch-rationaler Strukturen. Diese lassen sich zumindest in ihren einfachsten Formen unterscheiden *erstens* als Listenmethode (Onomastik), *zweitens* als Klassifikations- bzw. Spezifikationssystem, *drittens* als zyklische Methode, *viertens* als Kettenstruktur, *fünftens*, was bereits eine viel komplexere Form repräsentiert, als Fraktale Geometrie und als KI-Forschung, als Mustererkenntnis.

Schon der jesuitische Logiker Joseph Maria Bocheński stellte in seiner Ausgabe der *Formalen Logik*[65] im Anhang eine indische Gestalt der Logik vor, die aber nicht als eigenständiger Logiktyp erscheint, sondern eher als eine unreife Form der aristotelischen Logik, die erst das Werden der formalen Logik andeutet und sich hauptsächlich auf den Satz des auszuschließenden Widerspruchs bezieht. Dieser Satz vor allem ist es, der in der Diskussion um andersartige Logiken im Mittelpunkt steht. Vertreter wie Gregor Paul[66] bestreiten mit Vehemenz die Existenz eines Satzes vom Widerspruch in anderen Kulturen, die zu anderen Logiken führen muss, wie in der buddhistischen und chinesischen Logik, und übersehen dabei, dass bereits unsere eigene formale Logik auf einem solchen Widerspruchsprinzip basiert, wie Platon in seiner Spätphilosophie, dem *Parmenides* und *Sophistes*, gezeigt hat. Da sich das Klassifikationssystem nicht auf einen einzigen umfangsmäßig universalen Begriff reduzieren lässt, sondern in eine Pluralität höchster, gleichoriginärer und damit auch gleichrangiger Begriffe wie Einheit, Vielheit, Sein, Nicht-Sein, Identität, Differenz, Ähnlichkeit, Unähnlichkeit usw. mündet, bedeutet das eine συμπλοκὴ τῶν γενῶν, d.h. eine Verbindung oberster Begriffe, der Genera. Einer kann nicht ohne den anderen – sein Gegenteil – auskommen und steht damit im Widerspruch zu sich. Eines ist immer auch Vieles, da es nicht nur für sich selbst vorkommt, sondern stets zusammen mit anderen. Es hat ein Sein, ist identisch mit sich, different

65 Freiburg, München 1956.

66 Vgl. S. 10 Anm. 11 dieser Arbeit.

von anderen, es wird erkannt, ist Relat einer Erkenntnisrelation usw., womit es eine Vielheit gleichrangiger Begriffe impliziert. Auch der *coincidentia oppositorum*-Gedanke eines Nicolaus Cusanus und anderer Theologen und Philosophen operiert mit dem Widerspruch und mit subtilen Unterscheidungen in der Tetralogie,[67] mit dem Zusammenfall kontradiktorischer Bestimmungen. Wenn Aristoteles von einer einzigen obersten Gattung auszugehen behauptet, so handelt es sich hier um eine reine Abstraktion, die weder in der Realität noch in der Begriffswelt einen Anhalt findet, da sich ein einziger oberster Begriff nirgends findet. Widersprüche kommen auch in Paradoxien und Dilemmata vor und lassen sich keineswegs, wie Bertrand Russell meinte, durch eine Typentheorie beheben.

Nach diesen Präliminarien möchte ich auf einige Logiktypen näher eingehen, *erstens* auf die Onomastik (Listenmethode), wie sie für den gesamten alten Vorderen Orient typisch ist, von den Sumerern entwickelt, von den Assyrern und später von den Babyloniern übernommen und erweitert wurde und sich im gesamten Zweistromland, im Alten Ägypten sowie bei den Hebräern verbreitet hat, *zweitens* auf die von den Griechen ausgearbeitete Klassifikations- bzw. Spezifikationsmethode, *drittens* auf das zyklische Denken Heraklits und anderer mystischer Denker, *viertens* auf die Kettenmethode, wie sie in Papuasprachen bei den Korowai, Awyu und anderen üblich ist.

Im anschließenden Teil soll dann das Verhältnis von Logos und Mythos unter dem Aspekt der Strukturierung behandelt und die prinzipielle Übereinstimmung beider gezeigt werden. Ein Unterschied zwischen beiden besteht lediglich hinsichtlich des Umfangs und der Kompliziertheit und Komprimiertheit der Strukturen, die im Mythos so dicht sind, dass sie prinzipiell unauflöslich bleiben. An der Erarbeitung komplizierterer Strukturen arbeitet heute die Fraktale Geometrie und die KI-Forschung.

67 Siehe dazu auch Hans P. Sturm: *Tetralogos – Ein erster Versuch.* Die vier Positionen der Aussage und die vier Glieder des Geistes in der *Mândûkya-Upanishad* und der *ars coniecturalis* des Nicolaus Cusanus, in: *Studien zur interkulturellen Philosophie*, Bd. 9 (1998), S. 85-98, der das Widerspruchsprinzip in der oben genannten *Mândûkya-Upanishad* nachweist mit den vier Formen: *erstens* Position, *zweitens* Negation, *drittens* Sowohl-als-auch, *viertens* Weder-noch.

2. Kapitel: Logiktypen

(1.) Onomastik

Eine der ältesten und zugleich einfachsten Denkstrukturen ist das uralte, auf das 4. und 3. Jahrtausend v. Chr. zurückgehende, auf Tafeln und Tafelserien festgehaltene sumerische Listenwissen, das später nach Eroberung des Landes durch die Assyrer und Babylonier ins Akkadische, eine dem Hebräischen nahestehende semitische Sprache, übersetzt wurde. Erhalten sind unzählige Bruchstücke, auch mehr oder weniger vollständige Tontafeln aus den Bibliotheken von Schuruppak und Nippur, von denen sich einige wegen der weitgehenden Übereinstimmung zu sogenannten Komposittafeln zusammensetzen ließen. Neben diesen Auflistungstafeln mit begriffsähnlichen Vorstellungen[68] gab es stets Tafeln mit mythologischem Inhalt wie den Epen *Gilgamesch* und *Enuma elisch.*

Was die Listen betrifft, so verzeichnen sie das gesamte Inventar der damals bekannten Welt, sowohl materielle wie immaterielle Objekte. Damit dürfte zugleich auf den Ursprung dieser Tafeln hingewiesen sein. Es handelt sich ursprünglich um Inventarverzeichnisse von Tempeln und Königshöfen, die deren Besitztümer festhielten, also um Verwaltungsdokumente, die im Laufe der Zeit sukzessiv auf die gesamte damals bekannte Welt ausgeweitet wurden.

Eine der bekanntesten dieser Listen ist die sogenannte *Urra-hubullu* = ‚Zinsverpflichtung'. Der Begriff dürfte nicht zufällig gewählt sein, da er die gesamte folgende Aufzählung unter ein Rechtsprinzip aus Schuld, Verpflichtung, Zins stellt und damit unter den Gedanken der Verpflichtung und Verbindlichkeit, wie er für Menschen einer staatlichen Ordnung gilt. Die ersten beiden Tafeln der insgesamt 24 umfassenden Serie enthalten alle Ausdrücke und Formeln eines Vertrags, und zwar, wie bei Verträgen üblich, Familiennamen, Verwandtschaftsbeziehungen, Daten, Monatsnamen, Zinsen, Tribut und dergleichen, alles, was zu einem Vertrag gehört. Ähnlich wie bei einem Privatvertrag wird auf die Rechtsverbindlichkeit dieser Ordnung hingewiesen, die jede Beliebigkeit ausschließt. Diese Verbindlichkeit dürfte nicht ganz unabsichtlich und unerheblich sein. Sie bezieht sich auf alles Folgende: die Dinge der Welt und ihre Ordnung.

Eine solche hat auch der Rechtshistoriker Herbert Petschow[69] für die spätere Gesetzessammlung Hammurabi I. ausfindig gemacht und

68 Ich spreche von begriffsähnlichen Vorstellungen, da diese, genau betrachtet, noch keine abstrakten Begriffe, sondern Determinative sind. Vgl. Karen Gloy: *Vernunft und das Andere der Vernunft*, Freiburg, München 2001, S. 44 ff. (Die Listenmethode).

69 Herbert Petschow: *Zur Systematik und Gesetzestechnik im Codex Hammurabi*, in: *Zeitschrift für Assyriologie und Vorderasiatische Archäologie*, Bd. 57 (1965), S. 146-172.

aufgewiesen. Die Sammlung besteht aus 282 Paragrafen, von denen die ersten vier generelle und fundamentale Rechtsverletzungen und deren Strafen behandeln: unberechtigte Mordanklagen, Zauberei, falsche Zeugenaussagen und nachträgliche Änderungen von Urteilen durch Richter. Die entsprechenden Rechtsnormen bilden das Fundament eines Staates, insbesondere eines auf der Basis von Theologie, Königtum und Untertanen gegründeten, das die öffentliche Ordnung garantieren soll. Während diese vier Bestimmungen die Rechtsverbindlichkeit einer geordneten Gesellschaft im Allgemeinen betreffen, beziehen sich die nachfolgenden Paragraphen 5-282 auf die Individualsphäre des einzelnen, die grundsätzlich unter der Verbindlichkeit der allgemeinen Rechtsordnung steht.

In der *Urra-hubullu* behandeln die Tafeln 3-7 unter dem Determinativ *giš* = ‚Baum/ Holz', einer Art Klassifikationszeichen, den zugehörigen Bereich von Bäumen und aus Holz gefertigten Gegenständen, und die Tafeln 8-9 unter dem Determinativ *gi* = ‚Rohr', ‚Schilf' den ebenfalls hierher gehörigen Bereich von Rohr- und Schilfarten sowie den von Produkten aus diesen Materialien, wie Körbe, Matten, Zäune, Dächer u.ä. Rohr und Schilf kamen im Land von Euphrat und Tigris reichlich vor, ebenso die daraus gefertigten Produkte. Beide Determinative *giš* und *gi*, die oft zusammen auftreten, bezeichnen die bekanntesten und wichtigsten Gegenstände des Alltagslebens des Zwei-Stromlandes. Bäume waren im baumarmen Mesopotamien rar und kostbar, was auch aus dem *Gilgamesch*-Epos bekannt ist, wo der König von Uruk Gilgamesch zusammen mit seinem Freund Enkidu in den Libanon aufbricht, das für seine hohen Zedern bekannt war, um von dort einen riesigen Baum zur Herstellung einer kostbaren Tempeltür nach Uruk zu holen. Zudem waren Bäume in Mesopotamien so kostbar, dass sie mit Zinsen identifiziert wurden. Die einleitend genannte Zinsverpflichtung (*Urra-hubullu*) bedeutet ‚sich Holz auf den Nacken laden', ‚seine Schuldigkeit tun', ‚seiner Verpflichtung nachkommen' in Bezug auf die Einhaltung der Ordnung der Welt.

Zwei Eigenarten dieser Tafelserie sind anzumerken: Zum einen werden auf den Tafeln nicht nur Bäume und Hölzer verzeichnet, sondern auch die daraus gefertigten Gegenstände, wie Wagen, Schiffe, Pflüge u.ä. Diese Anordnung ist nach einem Assoziationsprinzip zu erklären, welches alles Nahverwandte, nicht nur das zur selben Sorte Gehörige, sondern auch die daraus hergestellten Produkte oder, wie später zu zeigen sein wird, die zur Herstellung benötigten Mittel mit benennt.

Zum anderen ist auffällig, dass zwar unzählige Sorten genannt werden, oft aber eine generelle Bezeichnung dafür fehlt. Die Konzentration auf Konkreta und das Fehlen von Abstrakta ist typisch für dieses Denken. Später werden wir dem Phänomen begegnen, dass zwar eine Vielzahl spezieller und individueller Pflanzen genannt wird, aber ein allgemeiner Name, eine Gattungsbezeichnung für Pflanzen, fehlt. Von den auf Tafel 3 bis 7 verzeichneten ca. 2100 Zeichen dienen allein 130 Zeichen zur Bezeichnung von Dattelpalmen, die im südlichen Mesopotamien häufig vorkamen und angepflanzt wurden. Obgleich der moderne Mensch – der Botaniker wie der Baumzüchter – eine Vielzahl von Sorten an Dattelpalmen kennt und ebenso der moderne Kunde im Supermarkt ein Regal mit einer Vielzahl von Tomaten-, Apfel-, Orangensorten und künstlichen Produkten daraus registriert, erscheinen ihm 130 Dattelpalmensorten reichlich übertrieben, so dass die moderne Forschung hier von homologen Sprachspielen[70] und Alliterationen spricht, die sie nicht für ernst nimmt oder mit dem Hinweis auf mögliche tonale Unterschiede zwischen den recht verschiedenen Dialekten erklärt oder mit dem Hinweis auf Bedeutungskonstitutionen aus visuellen Schriftzeichen und Auditivem wie in der altägyptischen Sprache. Nun verhält es sich aber in der Tat so, dass Naturethnien und alte Völker zwar keine oder wenige generische Begriffe kennen, wohl aber eine Vielzahl spezieller und individueller aus der alltäglichen Erfahrung, so dass sie ursprünglich die Gegenstände sogar mit Namen belegten, also als Individuen ansprachen, so das Schwert mit dem Namen ‚Baldung', oder auf das Individuelle mit deiktischen Wörtern wie ‚dies da' hinwiesen, was ein Einzelnes, Bestimmtes meint.[71]

Auf Tafel 10 folgen Tontöpfe, Gefäße, und zwar gebrannte, nicht aus Naturalien wie Bast geflochtene wie in der vorangehenden Tafel. Es folgen Objekte, in denen diese gebrannt werden, wie Öfen, und Materialien, aus denen diese bestehen, wie Lehm und verschiedenen Lehmpasten. Im Gegensatz zu den bisherigen Naturmaterialien verfährt Tafel 11 weiter mit Zivilisationsmaterialien wie Leder und Erzeugnissen aus ihnen, Gerbermitteln und Mineralien, die zum Gerben verwendet werden. Damit ergibt sich auch ein Übergang zu Tafel 12 mit diversen Metallarten wie Bronze, Silber und Gold und am Ende von Goldanhängern und Ohrgehängen in Tierform, was die Überleitung zu den folgenden Tafeln 13 und 14 erleichtert, die Haus- und

70 Vgl. Marc van de Mieroop: *What is Knowledge*? A Babylonian Answer, in: *Ancient Epistemologies*, Reihe: *Orientalische Religionen in der Antike* (ORA) im Druck.

71 Während wir in unseren heutigen europäischen Sprachen mit Allgemeinbegriffen wie ‚gehen' operieren und diese durch besondere Modi und Eigenschaften näher bestimmen wie ‚schnell gehen' = ‚laufen', ‚langsam gehen' =‚spazierengehen', ‚bergauf gehen' = ‚steigen', gehen Naturethnien und frühe Völker durch Anhängen von Präfixen, Suffixen, Infixen von speziellen konkreten Begriffen aus und gelangen erst langsam in ihrer Entwicklung zu Abstrakta. Für ursprüngliche Völker ist es entscheidend, ob man von Ost nach West, von Nord nach Süd oder umgekehrt geht, ob man sich auf dem Wege zu einem Ort oder von einem Ort zu seinem eigenen Standpunkt befindet u.ä. Im Schambala, einer afrikanischen Eingeborenensprache des Bantu, heißt es beispielsweise nạ-šindȧ-kủndȧ = ‚ich will den ganzen Tag', nạ-šindȧ-hȧ-kủndȧ = ‚ich will den ganzen Tag planlos', nạ-šindȧ-kȧ-kủndȧ = ‚ich will den ganzen Tag gelegentlich', nạ-šindȧ-kȧńȧ-kụndạ = ‚ich will den ganzen Tag plötzlich' usw. Entscheidend sind die Modi, wie etwas geschieht, sowohl temporale wie lokale wie modale. Vgl. Karen Gloy: *Kulturüberschreitende Philosophie,* Das Verständnis unterschiedlicher Denk- und Handlungsweisen, München 2012, S. 43.

Wildtiere verzeichnen mit langen Abschnitten über Caniden und Feliden sowie Schlangen. Von Tafel 14 mit der Verzeichnung diverser Tiere geht es über zu Tafel 15 mit der Verzeichnung von Fleisch und Körperteilen.

Tafel 16 verzeichnet Steine, Tafel 17 Muscheln, ebenfalls feste, steinartige Gegenstände, Tafel 18 Fische und Vögel, d.h. Tiere im Flüssigen, handle es sich um Wasser oder Luft, die in den früheren Tafeln 13-14 mit der Aufzählung von Haus- und Wildtieren ausgelassen wurden. Im Anschluss werden auf Tafel 19 Wolle und Textilien aus Flachsarten verzeichnet, wobei man sich den Übergang von den Vögeln mit Federn zur Wolle von Schafen assoziativ vorzustellen hat. Von den Flachsarten geht es über zu den Feldern, auf denen Flachs angebaut wird, so auf Tafel 20. Tafel 21 verzeichnet Ortsnamen, die nicht wie heute nach Größe: Hauptstädten, Orten, Dörfern aufgeführt werden, sondern nach dem Alliterationsprinzip. Es folgen mit Tafel 22 Berge und Flüsse. Von der irdischen Geographie führt der Weg zur astronomischen Geographie mit Stern- und Gestirnsnamen. Wenn die Hinzufügung von Seilen und Fasern zunächst recht fremdartig erscheint, so erklärt sich diese daraus, dass Seile und Fasern Messinstrumente waren, die zur Vermessung von Abständen auch der Gestirne dienten. Mit Tafel 23 und 24 zu Speisen und Getränken aller Art, Biersorten, Suppenarten und deren Ingredienzien, Broten und deren Zutaten, die von Ort zu Ort wechselten, klingt die Aufstellung aus.[72]

Daneben gab es umfangreiche Listen mit Götternamen: Staats-, Regional-, Orts- und Familiengöttern sowie mit Berufsbezeichnungen und menschlichen Tätigkeiten und, nicht zu vergessen, Omenlisten, da das ganze damalige Leben auf Zukunftsdeutung basierte. Darüber hinaus existierten Listen für Medizin, Diagnose wie Therapie, für Feldvermessung, da das Land wegen der jährlichen Überschwemmungen stets neu vermessen werden musste. In späterer Zeit kamen Übersetzungs- und Interpretationslisten hinzu, so dass die Tafeln nicht nur einspaltig, sondern zwei-, eventuell dreispaltig ausfielen. Der Grund war der, dass sumerische Wörter umfangsmäßig oft ungenau waren und ihre richtige Übersetzung mehrere akkadische Begriffe verlangte oder umgekehrt eine Mehrzahl sumerischer Wörter sich im Akkadischen zusammenziehen ließ. Die ganze damals bestehende Welt und das ganze Leben wurden aufgelistet.[73]

72 Zur Rekonstruktion insbesondere der Übergänge vgl. Edzard: *Sumerisch-akkadische Listenwissenschaft und andere Aspekte altmesopotamischer Rationalität*, in. Karen Gloy (Hrsg.): *Rationalitätstypen,* Freiburg, München 1999, S. 246-267, bes. S. 253-259.

73 Zur Rekonstruktion der babylonischen Pflanzenlisten vgl. R. Campbell Thompson: *A Dictionary of Assyrian Botany*, London 1949; zur Mineralogie vgl. R. Campell Thompson: *A Dictionary of Assyrian Chemistry and Geology*, Oxford 1936; zur Fauna vgl. Benno Landsberger unter Mitwirkung von Ingo Krumbiegel: *Die Fauna des alten Mesopotamien* nach der 14. Tafel der Serie ⊠arra = Hubullu, Leipzig 1934; zu Töpferwaren vgl. Walther Sallaberger: *Der babylonische Töpfer und seine Gefässe.* Nach Urkunden altsumerischer bis altbabylonischer Zeit

Ähnlich umfangreiche Listen sind aus dem Alten Ägypten bekannt.[74] Zudem hat man Pflanzen und Tiere künstlerisch dargestellt und aufgereiht, so auf den Wänden der Seitenkabinette des Tempels von Thutmosis III. in Karnak. Auf diesen Reliefdarstellungen wurden vor allem exotische, in Ägypten nicht heimische Pflanzen präsentiert, die von Eroberungsfeldzügen einerseits nach Syrien, andererseits nach Äthiopien mitgebracht wurden. Daneben finden sich allerdings auch typisch ägyptische Pflanzen, wie der Lotus.[75,76]

Das Ordnungsprinzip der Auflistung, besonders nach Dichotomien, bestimmt auch das hebräische Denken, wie es aus dem alttestamentlichen Buch *Hiob*, den *Psalmen* und der Priesterschrift *Levitikus* hervorgeht. Schon der Schöpfungsbericht aus *Genesis* 1-31 erfolgt nach der Zählung von Tagen. Am ersten Tag werden Licht und Finsternis (Tag und Nacht) voneinander getrennt, am zweiten wird die Trennung des Wassers durch die Himmelsfeste (Firmament) vorgenommen, am dritten Tag die Trennung von Erde und Meer, am vierten Tag die Schaffung der Gestirne, besonders der Sonne und des Mondes, am fünften Tag die Schaffung der Tiere im Wasser und in der Luft, am sechsten die Schaffung der Tiere und des Menschen auf Erden; der siebente Tag ist ein Ruhe- und Erholungsstag. Ebenso folgt *Levitikus* 19,1-

sowie lexikalischen und literarischen Zeugnissen, Ghent 1996; zu Textilien und Bekleidung vgl. Artikel *Kleidung, Kopfbedeckung, Leinen*, in: *Reallexikon der Assyriologie* [ab Bd.3 *und der Vorderasiatischen Archäologie*], hrsg. von Erich Ebeling und Bruno Meissner u.a., Bd. 1 ff., Berlin, Leipzig u.a. 1928 ff., Bd. 6, Berlin, New York 1980-1983, S. 31 f., 197 ff., 583 ff.; zu den Gottheiten vgl. Tharsicius Paffrath: *Zur Götterlehre in den altbabylonischen Königsinschriften*. Mit einem ausführlichen Register der auf die altbabylonische Götterlehre bezüglichen Stellen, Paderborn 1913. Diese Liste unterscheidet drei Gruppen von Göttern im sumerischen Pantheon: Landesgottheiten, Stadtgottheiten und Familienschutzgottheiten. Zu den Götterlisten im allgemeinen vgl. Wilfred G. Lambert: in: *Reallexikon der Assyriologie*, Bd. 3, Berlin, New York 1957-1971, S. 473 ff.; Richard Litke: *A reconstruction of the Assyro-Babylonian God-lists An: Da-Nu-Um and An: Anu Sa Ameli*, Diss. Yale University 1958.

74 Vgl. Alan Henderson Gardiner: *Ancient Egyptian Onomastica*, 3. Bde., Oxford 1947.

75 Vgl. Nathalie Beaux: *Le Cabinet de curiosités de Thoutmosis III*. Plantes et animaux du ‚Jardin botanique' de Karnak, Leuven 1990; Marilina Betrò: *Zoologia e Botanica*, in: *La Storia della Scienza*, Bd. 1, Rom 2001, S. 134-149; Friedhelm Hoffmann: *Das Göttliche in der Natur – Biologie im alten Ägypten*, in: Matthias Grünewald-Gymnasium Würzburg: *Jahresbericht 2004/2005*, Würzburg 2005, https://archiv.ub.uni-heidelberg.de/propylaeumdok/volltexte/2011/896, S. 196-205; Karen Gloy: *Formen der Machtausübung*, Würzburg 2023, S. 136 ff.

76 Beim genauen Studium der plastischen Darstellungen wird nicht ganz klar, ob es sich um eine rein serielle Darstellung von Pflanzen und Tieren handelt oder ob auch ästhetische Kriterien wie Raumausfüllung, Lückenbüßerfunktion u.ä. eine Rolle spielen. Gelegentlich werden Tiere wie eine Antilope oder eine Bienenart in den zugehörigen Pflanzenbereich eingeordnet, was auf eine analoge Zuordnung dieser Tiere zu gerade diesem Pflanzenbereich weisen könnte. Zum anderen scheint die vielfache Einordnung von Früchten, die als einteilig, zwei- oder drei-, auch vierteilig dargestellt werden, wie die Baumwollbüschel, eine reine Lückenbüßerfunktion einzunehmen, und zum dritten wird nicht ganz klar, ob die häufige Darstellung auseinander hervorgehender Lotusblüten auf Anomalien weisen soll oder auf Hintereinander- und Übereinanderschachtelung diverser Lotuspflanzen.

18 bei der Aufstellung der zehn Gebote einer mehr oder weniger beliebigen Reihung: der Ehrung von Vater und Mutter, der Anbetung eines einzigen Gottes, keiner Götzen, der Festlegung bestimmter Opferriten wie der Überlassung eines Restes von Getreide und Wein auf den Feldern und Weinbergen den Armen und Fremden. Es folgt das Verbot von Lügen, Stehlen und Falschhandeln sowie von Beraubung, das Verbot von Flüchen gegen Taube und Blinde, die Forderung der Gleichbehandlung von Arm und Reich vor Gericht, das Verbot von Volksverhetzung (Volksverleumdung), von Hass, Rachsucht und Zorn,[77] während *Levitikus* 10,10 eine Dichotomie vornimmt nach sakral und profan, rein und unrein in Bezug auf Opferungen, Tiere und Krankheitsdiagnosen (*Levitikus* 10,11 und 13).[78]

Genauer betrachtet bahnen sich im hebräischen Denken bereits zwei Modelle der Aufzählung oder Reihung an, von denen das eine eine beliebige parataktische, im Prinzip bis ins Unendliche gehende Aneinanderreihung von Einzeldaten ist, die als solche nichts miteinander gemein haben, das andere ein Ganzes aus Einzelteilen, in denen das Ganze in den Spezifikationen bereits durchschimmert, wie in *Hiob* 29,12-17, wo Hiob seine rechtschaffenen und geglückten Handlungen und Verhaltensweisen aufzählt:

> „Denn ich errettete den Armen, der da schrie, und den Waisen, der keinen Helfer hatte.
> Der Segen des, der verderben sollte, kam über mich; und ich erfreute das Herz der Witwe.
> Gerechtigkeit war mein Kleid, das ich anzog wie einen Rock; und mein Recht war mein fürstlicher Hut.
> Ich war des Blinden Auge und des Lahmen Fuß.
> Ich war ein Vater der Armen; und die Sache des, den ich nicht kannte, die erforschte ich.
> Ich zerbrach die Backenzähne des Ungerechten und riß den Raub aus seinen Zähnen."

Zwar sind auch die Sachlisten in Mesopotamien als Inventarverzeichnisse der Welt zu betrachten und ebenso die Aufstellung der Gebote und Verbote im *Alten Testament* (*Levitikus*, 19,1-18) als notwendige Richtlinien für das Funktionieren einer Gemeinschaft, an der genannten *Hiob*-Stelle aber wird an der Art der Aufnahme und Zusammenstellung der spezifischen tugend-

77 Die Dichotomie scheint zwar gelegentlich auf, wird aber nicht konsequent beibehalten.

78 Vgl. Jan Dietrich: *Listenweisheit im Buch Levitikus.* Überlegungen zu den Taxonomien der Priesterschrift, in: ders.: *Hebräisches Denken.* Denkgeschichte und Denkweisen des Alten Testaments, Göttingen 2022, S. 101-119; ders.: *Grenzen ziehen, Begriffe bestimmen und kritische Fragen stellen*, in: Konrad Schmid (Hrsg.): *Heilige Schriften in der Kritik*, XVII. Europäischer Kongress für Theologie (5.-8. Sept. 2021 in Zürich), Leipzig 2022, S. 219-236.

haften Einzelhandlungen im Hintergrund schon die Allgemeinheit der Idee bzw. das Ideal der Tugendhaftigkeit, das Gute, sichtbar, von dem die Einzelhandlungen Teile sind. Dies ist an den ersten beiden Stellen noch nicht der Fall.

Auch im frühgriechischen, präsokratischen Denken herrschte die aufzählende Denkweise und Definitionsform vor, worauf die frühen und mittleren platonischen Definitionsdialoge noch einen Hinweis geben. Diese Diskussion liegt in zwei Varianten vor. Auf die erste Methode, die Addition diverser Einzelteile eines Ganzen, weist Platon mit der Erwähnung der hesiodschen Formulierung von den „100 Hölzern eines Rades" (*Sophistes* 207a3 f.), demzufolge das Rad aus vielen verschiedenen Einzelteilen wie gebogenem Holz, Speichen, Felgen, Naben, Schrauben, Lederbändern usw. besteht. Nach dieser Definitionsart kann ein Verständnis vom Rad nur haben, wer die gesamten Einzelbestandteile in ihrer Summe kennt. Es handelt sich hier um eine möglichst vollständige Aufzählung und Summierung der Einzelteile zu einem Gesamtkomplex, aber noch nicht um das Modell, dass das Ganze mehr ist als die Summe der Teile. Die geschilderte Definitionsart taucht auch unter dem Namen des Antisthenes auf.

Die andere Methode in Platons frühen und mittleren Definitionsdialogen, die sowohl im *Laches* beim Definitionsversuch der Tapferkeit auftaucht wie im *Thrasymachos*, dem ersten Buch der *Politeia,* beim Versuch, die Gerechtigkeit zu definieren, im *Euthyphron* bei der Frage nach der Frömmigkeit, im *Menon* bei der Frage und Definition der Tugend. Auch wenn im letzteren der Dialogpartner sich rühmt:

> „Das ist ja gar nicht schwer zu sagen, Sokrates. Zuerst, wenn du willst, die Tugend des Mannes: so ist es leicht zu sagen, daß dieses des Mannes Tugend ist, daß er vermöge, die Angelegenheiten des Staates zu verwalten und in seiner Verwaltung seinen Freunden wohlzutun und seinen Feinden weh, sich selbst aber zu hüten, daß ihm nichts dergleichen begegne. Willst du die Tugend des Weibes, so ist auch nicht schwer zu beschreiben, daß sie das Hauswesen gut verwalten muß, alles im Hause gut im Stande haltend und dem Manne gehorchend. Eine andere wiederum ist die Tugend des Kindes, sowohl eines Knaben als eines Mädchens, und eines Alten, sei er ein Freier, wenn du willst, oder ein Knecht. Und so gibt es noch gar viele andere Tugenden, so daß man nicht in Verlegenheit sein kann, von der Tugend zu sagen, was sie ist. Denn nach jeder Handlungsweise und jedem Alter hat für jedes Geschäft jeder von uns seine

> Tugend, und ebenso auch, Sokrates, glaube ich seine Schlechtigkeit“[79],

weist Platon diese Art der Aufzählung mit ‚es gibt‘ oder ‚da ist die Tugend des Mannes, der Frau, des Alten, des Kindes usw.‘ entschieden zurück, da es nicht um die Aufzählung von Fällen in verschiedenen Gebieten und auf verschiedenen Ebenen geht, welche in die Hunderte oder Tausende gehen kann, sondern um das Allgemeine, das auf verschiedenen Gebieten und Ebenen als ein und dasselbe auftritt. Im Hintergrund wird bereits die Suche nach der *einen* οὐσία, dem Wesen einer Sache in der Vielheit ihrer Auftrittsweisen, deutlich, was Platon näher am Bienenbeispiel erläutert. Es geht ihm nicht um Größe, Schönheit und andere Eigenschaften der vielen verschiedenen Bienen, sondern um deren einheitliches Wesen. Aufschlussreich ist, dass er sich beim Wesen (οὐσία) an der Gestalt (εἶδος) orientiert, zunächst der äußeren sinnlichen, im übertragenen Sinne an der inneren, geistigen, noetischen. Hier bahnt sich bereits ein Perspektivenwechsel in der Definitionsart an.

(2.) Klassifikations- und Spezifikationsmethode

Platon gewinnt seine eigene Definitionsmethode, die dann für die gesamte 2000jährige europäische Geistes- und Wissenschaftsgeschichte entscheidend werden sollte, aus einer Kritik an den Definitionsversuchen der vorsokratischen Naturphilosophen, einerseits der Mediziner, die die Vorgänge und Zustände aus materiellen wie immateriellen Stoffen zu erklären versuchen, beispielsweise so, dass wir mit dem Blut oder der Luft denken, andererseits des Anaxagoras und seines Zweckmäßigkeitsprinzips, wonach es beispielsweise für die Erde das Beste und Zweckmäßigste sei, sich im Mittelpunkt des Alls zu befinden, und so für ein jedes anderes Ding, dass es für dasselbe das Beste sei, so zu sein, wie es gerade ist. Alle diese Versuche dokumentieren das große Ringen der Antike um Ordnung und Ordnungskriterien. Die erste Überlegung führt auf ein Wodurch, die zweite auf ein Warum.[80] Wegen der Primitivität der ersteren Definitionsart und der Schwierigkeit und Unbeantwortbarkeit der zweiten begnügt sich Sokrates – Platons Sprachrohr – mit der ‚zweitbesten Fahrt‘, nämlich der Ausrichtung der Sachen, beispielsweise der schönen Dinge, auf den ihnen zugrunde lie-

79 Platon: *Menon* 71e f.

80 Die Wodurch-Frage wird signifikant behandelt auch bei der Erörterung der Entstehung der Zwei, die sowohl durch Teilung wie durch Addition zustande kommen kann.

genden λόγος (die Idee, modern den Begriff) der Schönheit. Eine Sache ist schön, weil sie Anteil (μέθεξις) hat am Begriff der Schönheit.

Für dieses Verfahren beruft sich Platon sowohl im *Phaidon* 100a und 101d f. wie auch in der *Politeia* 511a ff. auf die mathematische Axiomatik, die Methode hypothetischer Setzung (Hypothesenmethode), bei der jedes Mal der am stärksten und sichersten (ἐρρωμενέστατος) erscheinende Logos unterstellt und dieser dann nach zwei Seiten untersucht wird, abwärts auf die Folgen und Ableitungen hin, die mit der Voraussetzung kompatibel sein müssen, und aufwärts, zu den höheren Voraussetzungen aufsteigend, mit denen die Setzung widerspruchslos vereinbar sein muss. Was Platon hier beschreibt, ist das hypothetische Klassifikations- bzw. Spezifikationsverfahren, das nicht parataktisch, sondern hypotaktisch verfährt nach dem Prinzip *genus proximum per differentiam specificam,* wie es Platon in seinen späteren Dialogen, dem *Sophistes* und *Politikos*, praktiziert und exemplifiziert hat. Es folgt im Wesentlichen drei Gesetzmäßigkeiten, *erstens* dem Satz der Identität, dem Festhalten eines und desselben Prädikats durch alle Spezifikationen hindurch, *zweitens* dem Satz des auszuschließenden Widerspruchs, demzufolge das, was durch ein bestimmtes Prädikat wie A bestimmt ist, nicht auch durch sein Gegenteil non-A bestimmt sein kann, und *drittens* dem Satz des ausgeschlossenen Dritten, der besagt, dass eine Instanz entweder durch A oder durch non-A bestimmt sein muss, ein drittes aber ausgeschlossen ist.

Platons Definitionsversuch läuft darauf hinaus, zu einem konkreten Gegenstand oder niederen Begriff einen Allgemeinbegriff zu finden, aus dem der erste durch Spezifikation abgeleitet werden kann.

Das auf diese Weise zustande kommende Begriffssystem legt bezüglich Inhalt und Umfang der Bestimmungen fest: Je geringer der Inhalt eines Begriffes ist, desto größer ist sein Umfang und sein Anwendungsgebiet, und je reichhaltiger der Inhalt ist, desto kleiner ist der Umfang der darunter fallenden Gegenstände.

Bei kritischer Betrachtung erweist sich das ganze System als ein typisches Hypothesensystem, das mit drei Schwierigkeiten zu kämpfen hat, deren Platon sich voll bewusst ist.

1. Seine Anwendung auf das, was wir Realität nennen, bleibt rein hypothetisch, d.h. willkürlich, bar jedes Wahrheitsanspruchs. Denn was in diesem System aus Gattung, Arten, Unter- und Unterarten usw. soll die schlechthin höchste Gattung, die ἄρχη πάντα, sein, an der das gesamte System zu befestigen wäre. Ist es der Mensch oder das Lebewesen überhaupt, ist es ein lebendig Organisches oder totes Anorganisches, und wenn keines von beiden, ist es der Gegenstand überhaupt, der materielle oder immaterielle, das theoretische Eine? Solange man keine bestimmte Angabe machen kann, bleibt das gesamte System ein rein hypothetisches ohne letzte Garantie für die Ap-

plikationsmöglichkeit auf die Realität. Setzt man das Eine als höchstes Prinzip, so muss man, wie Platon im *Parmenides* ausgeführt hat, auch sein Oppositum, das Viele, setzen, da das Eine nicht ohne ein Zweites, Drittes und Viertes gedacht werden kann, d.h. ohne ein Sein, Identität, Differenz, Ähnlichkeit, Unähnlichkeit, Erkenntnis usw., also mittels einer Vielheit von Begriffen und somit im Widerspruch zu sich selbst. Ebenso führt der Ansatz der Identität als höchstes Prinzip zum gleichzeitig notwendigen Ansatz von Differenz, da auch Identität ein Sein hat, Eines ist, verschieden ist von Differenz, damit aber bereits Vieles und Differentes ist. Welches Genus auch immer man ansetzt, es kann nicht ohne die anderen gleichoriginären, gleichwertigen Genera gedacht werden, die stets zusammen mit ihm auftreten in einer συμπλοκὴ τῶν γενῶν, die nur in Form einer Widerspruchsdialektik explizierbar ist.

2. Eine zweite Schwierigkeit zeigt sich im Abstieg dieses Systems in Richtung auf den Applikationsbereich. Sie besteht darin, dass sich kein Abschluss findet, da zwischen zwei Instanzen (Begriffen) immer noch näher zueinander liegende aufgefunden werden können und somit ein ἄτομον εἶδος nicht erreichbar ist. Die Scholastik hat dies in dem Satz ausgedrückt: „Individuum est ineffabile" („Das Individuum ist unaussprechlich"). Wie man eine Linie in immer kleinere Teile einteilen kann, ohne an ein letztes, nicht mehr teilbares Stück zu gelangen, also *in infinitum*, so lässt sich auch das Spezifikationssystem immer weiter spezifizieren. Um ein Beispiel zu wählen: Die Gattung ‚Baum' lässt sich einteilen in die Arten Laub- und Nadelbäume, die letzteren in Weich- und Hartnadelbäume, die letzteren wiederum in Kiefern- und Fichtengewächse und diese wiederum in Weiß- und Schwarzfichten. Auf diese Weise geht der Prozess beliebig fort, ohne jemals mit den Unterunterunterarten das anvisierte Individuum zu erreichen.

3. Die dritte Schwierigkeit betrifft die Wahl und das Festhalten des Einteilungsprinzips, was Platon im *Sophistes* anhand des Angelfischerbeispiels demonstriert. Fällt der Angelfischer unter den τεχνίτης-Begriff, den des Kunstfertigen bzw. Sachverständigen, der sich auf eine Sache versteht, also den Künstler oder Kunstfertigen, so wechselt die Einteilung im Folgenden auf die Art und Weise der Kunstfertigkeit, die entweder in einer umsetzenden oder nachstellenden Kunst besteht. Ist die Entscheidung für den Angelfischer auf die nachstellende Kunst gefallen, dann geht es weiter mit der Einteilung in offenen Kampf oder heimliche Nachstellung, dann mit der letzteren auf die Objekte der Nachstellung (auf Lebloses oder Belebtes), dann auf die Gebiete der Nachstellung (Landtiere oder Tiere im Flüssigen, d.h. in der Luft oder im Wasser), dann auf die Mittel der Nachstellung (Netzfang oder Wundfischerei), dann auf die Zeit der Nachstellung (bei Nacht oder bei Tag),

dann auf die Richtung (mit Harpune von oben nach unten oder mit Haken von unten nach oben). Man sieht einerseits die Schwierigkeit des Festhaltens ein und desselben Prinzips, andererseits die Schwierigkeit der Festlegung des richtigen Prinzips.

Schon Platons Zeitgenossen wie der Komödiendichter Epikrates haben sich über die Suche nach dem richtigen Prinzip mokiert, die Platon in seiner Akademie offensichtlich bis zum Exzess üben ließ.

> „An den Panathenäen sah ich eine Schar Jünglinge zusammenkommen und hörte im Gymnasium der Akademie gar seltsame Reden. Sie stellten Definitionen über die Natur auf und bestimmten die Unterschiede in der Lebensführung der Tiere, im Wesen der Bäume und den Arten der Gemüse. Dabei kamen sie auf den Kürbis zu sprechen, zu welcher Art er gehöre. – Zu welchem Resultate kamen sie da? – Zunächst machten sie sich wortlos an die Arbeit und verharrten geraume Zeit in nachdenklich gebückter Stellung. Dann rief plötzlich, während die andern noch nachdachten und nach einer Lösung suchten, einer, der Kürbis sei ein rundes Gemüse, ein anderer, er sei ein Gras, ein dritter, er sei ein Baum.“[81]

Die Fragwürdigkeit einer verbindlichen taxonomischen Einteilung zeigt sich darin, dass sich im Wandel der Jahrhunderte die Prinzipen grundlegend verändert haben, wie Michel Foucault dargelegt hat. Waren die großen Taxonomien von Pflanzen, Tieren, Metallen u.ä. während des 18. Jahrhunderts, u.a. bei Carl von Linné, auf äußere, sichtbare Gegebenheiten wie Quantität, Form, Anordnung, Stellung, etwa der Blätter, Blüten und Staubgefäße oder der Früchte gerichtet, so wechselten sie im folgenden Jahrhundert zwischen 1775 und 1795 auf innere, nicht direkt erkennbare Qualitäten und Funktionszusammenhänge, von der äußeren Architektur auf die innere Funktion, so bei Jussieu, Vicq d'Azyr, Lamarck, Candolle u.a. Jetzt ging man auf die Frage über, ob Tiere nach Pflanzen- oder Fleischfressern einzuteilen seien, wobei die einen Mahlzähne und einen langen Ernährungstrakt, die anderen Reißzähne und einen kurzen, kräftigen Magen haben.[82]

Um es in aller Schärfe zu sagen, kein Begriffssystem steht in einer Ein-zu-eins-Relation zur Ontologie, sondern wechselt von Epoche zu Epo-

81 Epikrates 11, Kock F. C.A. II, S. 287 = Athenäus 2,59c. Vgl. Ernst Howald: *Die Platonische Akademie und die moderne Universitas litterarum*, Bern 1921, S. 8; auch Hans Herter: *Platons Akademie*, 2. Aufl. Bonn 1952, S. 21.

82 Vgl. Michel Foucault: *Die Ordnung der Dinge*. Eine Archäologie der Humanwissenschaften (Titel der Originalausgabe *Les mots et les choses*, 1966), aus dem Französischen von Ulrich Köppen, Frankfurt a. M. 1974, 10. Aufl. 1991.

che, von Kultur zu Kultur. von Interesse zu Interesse. Der Ansatz eines äquivalenten ontologischen Systems würde eine Präfiguration durch Begriffe und damit eine Verdoppelung der Begrifflichkeit bedeuten. Systematisierungen der Wirklichkeit sind stets Konstruktionen, die zu bestimmten Weltinterpretationen führen. Bei ihnen handelt es sich um artifizielle Interpretationssysteme. Wir vermeinen nur, vorgegebene Objekte in der Natur zu finden, während diese in Wirklichkeit unsere jeweils kulturellen Interpretationen sind.[83]

Zu welcher Ridikülität das Festhalten an einem bestimmten Einteilungsprinzip führen kann, hat Hans Leisegang anhand der Linnéschen Einteilung der Pflanzen gemäß dem Sexualprinzip demonstriert.[84] Danach fiele das lila Veilchen (*Viola odorata*) in der Pflanzeneinteilung nach Phanerogamae und Kryptogamae unter die ersteren, bezüglich dieser in der Einteilung nach Angiospermae und Gymnospermae wieder unter die ersteren, nach deren Einteilung in Dicotylae und Monocotylae auch hier unter die ersteren, in deren Einteilung nach Choripetalae und Sympetalae wiederum unter die ersteren usw., d.h. unter eine ganze Reihe von Einteilungen, so dass das Veilchen schließlich als *Viola*, und zwar *Viola odorata,* einzuordnen wäre. Wissenschaftlich wäre es nach dieser botanischen Dichotomie zu definieren als eine getrenntblumenblättrige, zweikeimblättrige, bedecktsamige, offen sich fortzeugende Pflanze.[85] Mag diese wissenschaftstheoretische, rein rationale Definition auch dem botanischen Fachmann verständlich sein, nicht jedoch dem unbefangenen Alltagsmenschen, der „dieses zarte, blaue Pflänzchen mit seinem schüchtern zur Erde geneigten Kelch und seinem feinen Duft“[86] als eines der ersten im Frühling erblickt, sein Auftreten emotional konstatiert, seine Zartheit empfindet und seinen Duft genießt. Die an Strukturen – soweit wie möglich geometrischen und mathematischen – orientierte Wissenschaftsdefinition ist qualitativ gänzlich arm und leer, erschöpft sich in Maßen und Zahlen und wirkt damit befremdlich, da der Mensch neben der Ratio auch durch Emotionen sowie Lust- und Unlustgefühle bestimmt ist.

Bei Platon selbst begegnen zwei akzeptierte Definitionstypen auf verschiedenen Ebenen. Geht es um die Definition niederer Begriffe, zu denen sich höhere finden, dann kommt die Teil-Ganzes-Methode zum Tragen, geht es um die höchsten Begriffe, so können nur gleichrangige, gleichoriginäre Begriffe genannt werden, im Prinzip so viele, wie sich finden. Dies gilt so-

83 In diese Richtung argumentiert auch Immanuel Kant in seiner Erkenntnistheorie in der *Kritik der reinen Vernunft* zumindest bezüglich der Grundformen Raum und Zeit und der Kategorien, radikaler und konsequenter noch Günter Abel: *Interpretationswelten.* Gegenwartsphilosophie jenseits von Essentialismus und Relativismus, Frankfurt a. M. 1995.

84 Vgl. Hans Leisegang: *Denkformen*, Berlin, Leipzig 1928, S. 203.

85 Vgl. a.a.a.O., S. 203.

86 A.a.O., S. 205.

wohl für theoretische wie ethische Definitionen. Wie auf theoretischer Ebene die Frage, was Eines oder Vieles sei, nur mit der Nennung aller Opposita beantwortet werden kann, da Eines immer auch Vieles ist, insofern es mit Sein, Identität, Differenz u.ä. einhergeht, so dass Teil und Ganzes zusammenfallen, so kann auch auf ethischer Ebene die Frage nach der Tugend, dem Guten, nur beantwortet werden durch die Nennung gleichrangiger und gleichwertiger Begriffe wie Weisheit, Tapferkeit, Besonnenheit, Gerechtigkeit, Frömmigkeit in einer συμπλοκὴ τῶν γενῶν. Dies ist der Ursprung unvermeidbarer Dialektik.[87]

(3.) Zyklische Logik

Außer der parataktischen und hypotaktischen Logik, der Listenmethode und der dichotomisch-dihairetischen Klassifikations- bzw. Spezifikationsmethode, lässt sich noch eine weitere Logikform konstatieen, so bei Heraklit die zyklische Logik, wie sie in den folgenden Sätzen begegnet:

22 B 10: ἐκ πάντων ἓν καὶ ἐξ ἑνὸς πάντα („Aus allem eines und aus einem alles", ohne Verb).
22 B 60: ὁδὸς ἄνω κάτω μία καὶ ωυτή („Der Weg hinauf hinab ein und derselbe", ohne Verb).
22 B 62: ἀθάνατοι θνητοί, θνητοὶ ἀθάνατοι, ζῶντες τὸν ἐκείνων θάνατον, τὸν δὲ ἐκείνων βίον τεθνεῶτες („Unsterbliche sterblich, Sterbliche unsterblich, das Leben dieser der Tod jener, das Leben jener der Tod dieser", ohne Verb).
22 B 84a: μεταβάλλον ἀναπαύεται („wandelnd [das sich Wandelnde] ruht es").
22 B 36: ψυχῇσιν θάνατος ὕδωρ γενέσθαι, ὕδατι δὲ θάνατος γῆν γενέσθαι, ἐκ γῆς δὲ ὕδωρ γίνεται, ἐξ ὕδατος δὲ ψυχή („Aus der Seelen Tod wird Wasser, aus des Wassers Tod wird Erde, aus Erde wird Wasser, aus Wasser aber Seele").
22 B 30: κόσμον τόνδε, τὸν αὐτὸν ἁπάντων, οὔτε τις θεῶν οὔτε ἀνθρώπων ἐποίησεν, ἀλλ' ἦν ἀεὶ καὶ ἔστιν καὶ ἔσται πῦρ ἀείζωον, ἁπτόμενον μέτρα καὶ ἀποσβεννύμενον μέτρα („Diesen Kosmos, denselbe für alle, schuf weder ei-

87 Strukturell scheinen sich die Modelle der Aufzählung auf konkreter und abstrakter theoretischer Ebene zu ähneln, z.B. die Aufzählung tugendhafter Handlungen wie den Armen helfen, ihnen Brot geben, Witwen und Waisen schützen (s. *Hiob* 29,12-17 oder Platon: *Menon* 71e f.) und die Aufzählung von Einzeltugenden wie Gerechigkeit, Frömmigkeit, Weisheit, Besonnenheit usw. (s. Platon: *Politeia* 427d-434b). Obgleich beide in der Aufzählung beliebig, d.h. unendlich sein können, besteht ein Unterschied darin, dass die erste parataktisch unendlich ist, die letztere in jedem Schritt zyklisch.

ner der Götter noch der Menschen, sondern er war immer, ist und wird sein lebendig Feuer, erglimmend nach Maßen und erlöschend nach Maßen").[88]

Diese Sätze mögen genügen, um das herakliteische Denken in scharfen Gegensätzen mit der Rückkehr zum Ersten, Anfänglichen, und dem darin implizierten Kreisgang zu demonstrieren. Da das Griechische die Suspendierung von Verben erlaubt, wird der Umschlag der Gegensätze ineinander mit der Rückkehr zu sich umso deutlicher. Während die Formulierungen mittels der normalen griechischen Sprache und ihrer zeitlichen Verben eine Verlaufsstruktur suggerieren, die Temporalität einschließt und nach dem ersten Kreislauf einen zweiten verlangt auf der Basis des ersten und so beliebig fort, lassen die averbalen Formulierungen eine Lesart zu, die offen lässt, ob das Ganze einen in sich stehenden Kreis bildet, der nur sukzessiv gelesen wird, oder ob er ein wirkliches, wenngleich in sich zurückkehrendes Zeitgeschehen darstellt. In beiden Fällen sind auch Zwischenstadien zwischen A und C wie B möglich.

Die herakliteischen Texte sind nicht der einzige Ort des Auftritts dieser zyklischen Satzstruktur und zyklischen Logik. Auch die Bibel, insbesondere das *Neue Testament*, ist voll davon. So heißt es in *Johannes* 1,1f.: „Im Anfang war das Wort, und das Wort war bei Gott, und Gott war das Wort. Dasselbe war im Anfang bei Gott", und bei Paulus im *Römerbrief* 5,12 finden wir: „Derhalben, wie durch einen Menschen die Sünde ist gekommen in die Welt und der Tod durch die Sünde, und ist also der Tod zu allen Menschen durchgedrungen, dieweil sie alle gesündigt haben."[89] Auch Paulus' Predigten wie *Römer* 5,12-21 sind nach diesem Modell aufgebaut.

Überhaupt scheint dieser Stil bzw. diese Struktur bevorzugt in der Theologie und in der Mystik angewendet zu werden, so bei Meister Eckhart und Seuse, bei Jacob Böhme, später bei Giordano Bruno, Johann Wolfgang Goethe und Friedrich Wilhelm Joseph Schelling. Bei letzterem findet sich eine Vielzahl von Stellen dieser Art in den *Weltaltern*, wie z.B.

> „Der Baum z.B. treibt immerfort von der Wurzel bis zur Frucht, und wenn er im Gipfel angekommen, wirft er alles wieder ab, geht zurück in den Stand der Unfruchtbarkeit, und macht sich selbst wieder zur Wurzel, nur um wieder aufzusteigen. Die ganze Tätigkeit der Pflanze geht auf Erzeugung des Samens, nur um in diesem wieder von vorn anzufangen und durch neuen fortschreitenden Prozeß wieder nur Samen zu erzeugen und

88 *Die Fragmente der Vorsokratiker*, griechisch und deutsch von Hermann Diels, hrsg. von Walther Kranz; Bd. 1, 18. Aufl. Hildesheim 1989.

89 Übersetzung nach der Luther-Bibel.

wieder zu beginnen. Aber die ganze sichtbare Natur scheint zu keiner Beständigkeit gelangen zu können und in einem ähnlichen Zirkel unermüdlich umzuwandeln."[90]

Diese ursprüngliche Wiederkehr desselben bzw. dieses in sich kreisende Geschehen, ob zeitlos oder zeitlich ausgedrückt, ob quasi von außen gesehen als ein in sich stehendes Ganzes oder von innen mitvollzogen als ein ewig in sich kreisender Prozess, der nicht von der Stelle kommt, ist Ausdruck mystischer Erfahrung und damit einer Einheit aller Entzweiung.[91] Er symbolisiert Geschlossenheit und Ruhe.

Die wohl grandioseste Beschreibung der Zeit, die keine Zeit im Normalverständnis mehr ist, da in ihr das Vorwärts- und Rückwärtsgehen zusammenfallen, hat Platon im *Parmenides*[92] gegeben, und zwar mit Hilfe aller Zeitverben wie ‚wird', ‚ist', ‚war', ‚ist gewesen', ‚wird sein'. Er benutzt dabei zur Beschreibung der Rückkehr in sich die Struktur der Selbstbeziehung, welche Fremdbeziehung involviert und damit eine Selbstbeziehung auf der Basis von Fremdbeziehung ist, und kommt dadurch zu der Erkenntnis, dass dasselbe, wenn es immer älter wird (ist, war, gewesen ist, sein wird) als es selbst, zugleich auch immer jünger wird (ist, war, gewesen ist, sein wird) als es selbst und damit stets gleich alt mit sich wird (ist, war, gewesen ist, sein wird).

Eine Weiterbestimmung dieses Denkens liegt vor in Hegels Logik, wie er sie in der *Wissenschaft der Logik*, der *Enzyklopädie der philosophischen Wissenschaften im Grundrisse* sowie in seinen Vorlesungen, u.a. in den Heidelberger *Vorlesungen zur Logik und Metaphysik* von 1817[93] durchgeführt hat.

Wie das herakliteische Denken beruht auch das hegelsche auf absoluter Gegensätzlichkeit und deren Zusammenfall, was Hegel durch die Trias: These (Position), Antithese (Negation) und die Verbindung beider in der Synthesis ausdrückt, welche letztere zugleich als Ausgang eines neuen Dreischritts fungiert. Dadurch dass im Kreis Anfang und Ende zusammenfallen und jedes Ende ein neuer Anfang eines Kreises in Form eines neuen Dreischritts ist, liegt darin die Möglichkeit, einerseits die Bestimmungen des vorangehenden Kreises mitzunehmen, andererseits diese zu erweitern. Hegels Dialektik ist daher gleicherweise ein Fortschritt wie ein Rückschritt, ein syn-

90 Friedrich Wilhelm Joseph Schelling: *Die Weltalter*, in: *Werke*, hrsg. von Karl Friedrich August Schelling, 1. Abteilung, 10 Bde., Stuttgart, Augsburg 1856-1861, Bd. 8, S. 231.

91 Vgl. Romain Rolland: *Un beau visage à tous sens*. Choix de lettres de Romain Rolland (1886-1944), Préface de André Chamson, Paris 1967, S. 264 f., spricht von einem ‚ozeanischen Denken', das eine Hin-und Herbewegung bezeichnet.

92 Platon: *Parmenides* 151e - 155e

93 Ausgabe Karen Gloy: *Georg Wilhelm Friedrich Hegel: Vorlesungen über Logik und Metaphysik*, Heidelberg 1817. Mitgeschrieben von F. A. Good, Hamburg 1992.

thetischer Prozess von einfachen zu immer komplexeren und komplizierteren Bestimmungen und ein Rückschritt in den Grund, insofern der Fortschritt sich zugleich als eine analytische Explikation der im Grund gelegenen Bestimmungen erweist.

Hegel hat in der *Enzyklopädie*[94] seine Logik einmal einen „Kreis aus Kreisen" genannt:

> „Jeder der Teile der Philosophie ist ein philosophisches Ganzes, ein sich in sich selbst schließender Kreis, aber die philosophische Idee ist darin in einer besonderen Bestimmtheit oder Elemente. Der einzelne Kreis durchbricht darum, weil er in sich Totalität ist, auch die Schranke seines Elements und begründet eine weitere Sphäre; das Ganze stellt sich daher als ein Kreis von Kreisen dar, deren jeder ein notwendiges Moment ist, so daß das System ihrer eigentümlichen Elemente die ganze Idee ausmacht, die ebenso in jedem einzelnen erscheint."

Obgleich jeder Kreis in gewisser Weise vollendet ist, impliziert er die Möglichkeit unendlich vieler Kreise, was zu einem unendlichen Fortschritt führt, nicht zu einem definitiven Ende, wie Hegel dies am Ende der *Wissenschaft der Logik* suggeriert durch die angebliche Ausschöpfung aller Bestimmungen. Tatsächlich zeigt Hegel selbst die Weiterbestimmung der Kreise von der Ontologie über die Natur- zur Geistphilosophie und selbst darüber hinaus in die geschichtliche Dimension. Obwohl Hegel von der Notwendigkeit des methodischen Ganges spricht, kommt er ohne Assoziationen und damit ohne Kontingenz nicht aus. Hegel selbst hat sich gewünscht, die *Logik* 77mal schreiben zu können unter Berufung auf ein bekanntes Bibelwort, ebenso hat er tatsächlich Umdispositionen der Bestimmungen vorgenommen, so in den *Heidelberger Vorlesungen über Logik und Metaphysik* von 1817. Das deutet darauf, dass der Vorgang doch nicht ein so notwendiger ist, wie Hegel behauptet. Auch weist Hegel am Anfang der *Wissenschaft der Logik* in der ersten Anmerkung darauf hin, dass nicht nur vom Sein ausgegangen und zum Nichts übergegangen werden kann, sondern auch wie in der östlichen Philosophie, insbesondere der buddhistischen, vom Nichts und von dort der Übergang zum Sein erfolgen kann. Die jeweiligen Bestimmungen müssen nur in die Position von Thesis oder Antithesis gebracht werden.

Die Struktur der triadischen Argumentation wird am Anfang der *Wissenschaft der Logik* besonders deutlich: Auf das Sein folgt das absolute Ge-

94 Georg Friedrich Hegel: *Enzyklopädie der philosophischen Wissenschaften im Grundrisse*, Einleitung, § 15, in: G.W.F. Hegel: *Werke* in 20 Bden (Theorie-Werkausgabe). Auf der Grundlage der Werke von 1832-1845 neu edierte Ausgabe. Redaktion Eva Moldenhauer und Karl Markus Michel, Frankfurt a. M. 1970, Bd. 8, S. 60.

genteil, das Nichts, und dann die Synthesis von Sein und Nichts im Werden. Dessen Momente sind der Übergang vom Sein zum Nichts wie umgekehrt vom Nichts zum Sein. In der Weiterbestimmung des Werdens, jetzt in der Position des Neuanfangs eines neuen Dreischrittes, wird das Werden als Dasein bestimmt und dasselbe wiederum in die antithetischen Bestimmungen von Dasein überhaupt und Qualität (Bestimmung des Daseins) gesetzt, deren Synthese das Etwas ist. Dies wiederum ergibt in der Gegenüberstellung von Etwas und Anderes die Bestimmtheit und somit die Endlichkeit und deren Gegenteil, die Unendlichkeit, wiewohl die schlechte Unendlichkeit, die in die eigentliche, prozessuale, aufgehoben werden muss.

Bei aller Fragwürdigkeit im Detail zeigt sich, dass die gesamte Welt nach dem dialektischen Modell eines Kreises aus Kreisen strukturiert und interpretiert werden kann. Allerdings muss entgegen Hegels Überzeugung bemerkt werden, dass dieser Prozess unerchöpflich und niemals vollendbar ist. Selbst wenn bereits die erste Synthese die Wahrheit offenbart, die in der letzten zum Abschluss kommen soll als absolute Wahrheit, ist die letzte nie erreichbar in Anbetracht einer immer noch weiteren Differenzierung der Bestimmungen und ihres Aufbaus.

Auf eine Abart dieses Denkens möchte ich noch aufmerksam machen durch den Hinweis auf einen Satzbau, der aus den papuanischen Sprachen stammt, z.B. aus der Sprache der Korowai, Awyu und anderer indigener Völker in Papua Neuguinea. Er besteht in der sogenannten *tail-head-linkage*-Struktur, bei der jeder Folgesatz an das Ende des vorangehenden Satzes inhaltlich anknüpft, dieses Ende aufnimmt und weiterführt, so dass sich ein kettenartiges Denken ergibt. An folgendem Beispiel möge dies demonstriert werden. Inhaltlich geht es, wie in diesem Kulturkreis üblich, um ein Schlachtfest.[95]

(1) wof-è gol ül-ma-té-dakhu bando-lu khaim-an fe-nè fu bume-ma-té.
(After they have killed a pig there, they usually bring it, and having put it into the house they slaughter it.)

(2) bume-ma-té-dakhu ol di fe-nè fu-ma-té-do ni-khü-to bando-khe-nè ao-ma-té.
(They slaughter it and remove the feces and put it down and the women take [the intestines] and cleanse it.)

(3) Ao-leful-mekho khaim gilfo-ma-té-do gol-e-khal di-fu-ma-té.

95 Die folgenden Beispiele stammen aus Gerrit J. van Enk and Lourens de Vries: *The Korowai of Irian Jaya.* Their Language in Its Cultural Context, New York, Oxford 1997, S. 118 ff. Weiter vgl. William A. Foley: *The Papuan languages of New Guinea*, Cambridge University Press 1986, S. 201; Robert E. Longacre: *Hierarchy and universality of discourse constituents in New Guimea languages*, Vol. 1: Discussion, Washington, Georgetown University Press 1972, S. 45, 47.

(When they have finished washing they go away to the treehouse and [the males] cut the pig meat out and put it down.)

Der erste Satz beginnt und endet mit der Tötung eines Schweines, bildet also einen in sich geschlossenen Kreis. Der Anfang des zweiten Satzes nimmt den Inhalt des Endes des ersten Satzes auf, schließt somit direkt an diesen an und endet selbst inhaltlich mit der Säuberung der Innereien, einem Vorgang, den der dritte Satz in seinem Anfang aufnimmt und weiterführt. Dadurch dass immer wieder an das Ende des Vorgängersatzes angeknüpft wird, resultiert eine Kette, die einem Refrain gleicht.

Ein zweites Beispiel ist folgendes:

(1) wo lül lai-bo-top-ta ao-mekho ye khülo ye-mom-él bolüp ye lokthé.
(There at the broken trees' place he planted (a banana sprig) and then he went away upstream to his mother's brothers' territory.)
(2) ye lokhté-do walüp-ta walüp-ta makhaya au-pekho-do wa-fekho ye khülo ye khe-bo-fekho gup-to anè da-mo-m-é dé.
(He went away and halfway a *makhaya* bat squeaked and there he went upstream and he commanded [the little bat]: „You should let me know".
(3) khe-nè da-mo-m-é dé-do ye lokhté khe-bo khe-bo khe-bo khe-bo khe-bo ye lokhte-bo lu ye-mom-él bolü-fekho babo babo.
(And after he commanded „You should let me know", he went away and he walked a long time, and having gone and having entered his mother's brothers' territory, he lived there for quite a long time.)
(4) ye-lu-lo walé-do makhaya khe-nè mèkh-mo él kü-té-kha wof-ap dé-khafè wa-fosübo wai lai.
(One day he had slept and the next morning the *makhaya* bat came and squeaked: „It's all right over there! " and so he came downstream there.)
(5) wa-fosübo wai ale-bo-do khai-tofekho.
(He went downstream there and he walked, but...)

Auch hier lässt sich beobachten, dass der zweite Satz an den ersten anknüpft durch Aufnahme von dessen Inhalt und ebenso die folgenden Sätze an die ihnen vorausgehenden. Zwischen den Sätzen drei und vier des letzten Beispiels besteht ein Hiat, wahrscheinlich aufgrund des thematischen Wechsels, so dass die sprachliche Diskontinuität der inhaltlichen folgt. Unmittelbar danach beginnt aber wieder die *tail-head*-Verbindung. Sucht man der geistigen Form dieses Denkens und Sprechens näherzutreten, so sind es die wiederkehrenden Lebens- und Arbeitsvorgänge, die sich in diesen Rhythmen niederschlagen. Sie drücken sich gleicherweise in der Sprache wie im Denken wie in Ritus und Religion aus, indem sie auf eine noch vorhandene Einheit des menschlichen Lebens und Arbeitens mit der Natur – der materiellen wie immateriellen – hinweisen, welche die artifiziellen Einteilungen des Westens wie das Klassifikations- und Spezifikationsdenken noch nicht vollzogen hat. Die einfachste, primitivste Form, die rhythmisch wiederkehrenden biologischen Lebensvorgänge zum Ausdruck zu bringen, ist die Iteration, der Refrain, der damit zum Spiegel der noch gelebten rhythmischen Einheit und Verbundenheit mit der Natur wird. Sucht man in den sprachlichen Explikationen nach einem Ausdruck für das Verhältnis des Menschen zur Natur, so wird deutlich, dass die Wiederkehr desselben in der Satzstruktur auf eine Einheit mit den natürlichen Kreisläufen und Rhythmen weist, wohingegen die Klassifikationsmethode den Versuch einer Beherrschung der Natur mittels eines artifiziellen, menschengemachten Systems darstellt. Der Unterschied zwischen der zyklischen und der klassifikatorischen Struktur besteht darin, dass die erste die Einheit mit der Natur betont, den Satzbau der vorgegebenen Kreisform einfügt, die zweite eine Herrschaft über die Natur anstrebt.

(4.) Analogisches Denken

Angesichts der Tatsache, dass der Begriff Analogie heute in Verruf geraten ist, da wir im Alltag alle möglichen, selbst absurden Verweise mit Analogie zu bezeichnen pflegen, so wenn uns eine Katze über den Weg lief, daraus schließen: „Von links nach rechts, 'was Schlecht's, von rechts nach links, 'was Flink's", erscheint es notwendig, darauf hinzuweisen, dass das Wort ursprünglich aus dem Griechischen stammt und auf ἀνὰ λόγον zurückgeht. Da λόγος ‚Gedanke', ‚Sprache', ‚Verhältnis' bedeutet, meint ἀνὰ λόγον ‚gemäß dem Verhältnis', und zwar gemäß einem mathematischen Verhältnis von der Art 2:3 = 4:6 = 8:12 oder 1:3 = 2: 6 = 4:12 usw., wobei die Reihen sowohl nach rechts wie nach links fortgesetzt werden können. Hierbei zeigt sich, dass ein Grundverhältnis, im vorliegenden Falle 2:3 und 1:3, in allen Variationen wiederkehrt.

Platon demonstriert in der *Politeia* (509 ff.) analoge Verhältnisse anhand einer Linie und deren quaternaler Einteilung. Die Linie wird zunächst in einen größeren und in einen kleineren Abschnitt geteilt und dann nochmals jeder derselben nach demselben Prinzip. Ihnen zugeordnet werden die Werdewelt und der Ideenbereich mit ihren unterschiedlichen Erkenntnisarten: bloßer Meinung und wahrer Erkenntnis und deren Unterteilungen.

In der Folgezeit bediente sich insbesondere die Theologie dieses Verhältnisses, um damit die Beziehung zwischen Mensch und Gott zu bestimmen und vom menschlichen Bereich und Denken aus die transzendente göttliche Sphäre durch Analogieschluss zu erreichen.

Obgleich das Analogiedenken historisch bis zur Renaissance als ‚wissenschaftlich' galt neben dem eigentlichen mathematisch-naturwissenschaftlichen Wissen, unterlag es im Streit mit dem letzteren zu Beginn der Neuzeit wegen seiner Kompliziertheit und Undurchschaubarkeit gegenüber dem simpleren quantifizierenden naturwissenschaftlichen Denken und behielt diesen Ruf bis zum heutigen Tag bei. Erst in der Gegenwart besinnt man sich wieder auf seinen Ursprung und sein eigentliches Anliegen.

Seinen Höhepunkt erreichte das Analogiedenken zur Zeit der Renaissance bei den sogenannten Naturmagiern wie Heinrich Cornelius Agrippa von Nettesheim, dem Abt Tritheim, Petrus von Abano, Robert Fludd u.a., die im Unterschied zu den platonischen Naturwissenschaftlern neuplatonisches Ideengut pflegten, vermischt mit kabbalistischen und alchemistischen Elementen. Man bezog sich auf die Analogie- oder Korrespondenztafeln aus dem *Picatrix,* einer im 13. Jahrhundert ins Spanische und später ins Lateinische übersetzten arabischen Schrift der Magie, vor allem der astronomischen Magie. Von starkem Einfluss war ebenfalls das *Corpus Hermeticum*, bei dem es sich um eine Reihe von Schriften mit religiös-philosophischem und mystischem Inhalt handelte, die teils eine Offenbarungslehre, teils eine Weisheitslehre beinhalteten, die Hermes Trismegistos, dem ‚dreimal größten griechischen Gott Hermes', zugeschrieben wurden und einen Synkretismus aus Altägyptischem, Spätgriechischem und Bibel-Hebräischem darstellten.[96] Neben der ‚theoretischen Hermetik' gab es eine ‚technische Hermetik', die den Anspruch erhob, Naturbeherrschung und Lebensmeisterung zugleich durch okkultes Wissen und Zauberei zu sein. Sie stützte sich auf eine Vielzahl konkreter magischer, astrologischer und alchemistischer Vorlagen. Der Meister dieser Magier war Agrippa von Nettesheim mit seiner lateinischen Schrift *De occulta philosophia libri tres*[97], die, ins Deutsche übersetzt, unter dem Titel *Magische Werke* bekannt ist. Aus ihr geht hervor, was analogisches Denken für die Zeit der Renaissance bedeutete.

Im Unterschied zum hierarchisch klassifikatorischen bzw. spezifischen Denken der Griechen handelt es sich bei den magischen Erörterungen und Praktiken um Korrespondenzen, die grundsätzlich gleichrangige Begriffe ordnen entweder in umfangreichen Kapiteln oder, reduzierter und übersichtlicher, auf parallelen Tafeln oder in konzentrischen Kreisen. Der Unterschied betrifft ausschließlich die Darstellungsart, was sich daran zeigt, dass

96 *Picatrix.* Das Ziel des Weisen von Pseudo-Magriti, translated into German from the Arabic by Hellmut Ritter and Martin Plessner (*Studies of the Warburg Institute*, Vol. 27), London 1962.

97 Heinrich Cornelius Agrippa von Nettesheim: *De occulta philosophia libri tres*, hrsg. von V. Perrone Compagni (*Studies in the History of Christian Thought*, Bd. 48), Leiden 1992 (Erstausgabe Köln 1533). Hier benutzt wird die deutsche Übersetzung: *Die magischen Werke*, Wien 1997, 4. Aufl. Wiesbaden 1997.

sich konzentrische Kreise aufschneiden und zu Parallelen ausziehen lassen und umgekehrt gleichgeordnete parataktische Aufstellungen gleichoriginärer und gleichwertiger Begriffe in Form von Tabellen sich durch Biegung in konzentrische Kreise umformen lassen.

Obwohl die Korrespondenzen oft unter Leitbegriffen stehen wie den Planeten: Sonne, Mond, Saturn, Jupiter, Mars, Venus und Merkur[98] oder unter den Elementen: Erde, Wasser, Luft und Feuer oder unter den Erzengeln oder unter noch anderen Leitkriterien und ihnen dann alles Ähnliche und Gleichartige zugeordnet wird, der Sonne alles Sonnenartige an Pflanzen, Tieren, Mineralien, Eigenschaften, Farben, Befindlichkeiten, Verhaltensweisen usw. und ebenso das Mondartige dem Mond, sind die Reihen austauschbar und alle Begriffe gleichrangig und durcheinander ersetzbar. Da jeder Begriff für jeden anderen steht und so für das Ganze, läuft die Idee darauf hinaus, dass nicht nur das Ganze aus Teilen besteht, sondern jeder Teil das Ganze in spezifischer Weise ist. Jeder Teil hat also eine *pars pro toto*-Funktion.

So heißt es in der Planetenanordnung unter der Sonne, in der alle Dinge der Welt geordnet werden, die Sonnenartiges an sich haben:

> „Unter den Elementen sind solarisch das Feuer und die lichte Flamme; unter den Säften das reine Blut und der Lebensgeist; unter den Geschmäcken der scharfe mit Süßigkeit vermischte; unter den Metallen wegen seines Glanzes das Gold, dem die Sonne eine herzstärkende Eigenschaft verleiht; unter den Steinen solche, welche durch goldene Punkte die Sonnenstrahlen nachahmen, wie der Adlerstein, der solche Punkte hat und eine Kraft gegen die fallende Sucht und gegen Gifte besitzt. Der Stein, welcher Sonnenauge heißt und die Figur einer Augenpupille hat, aus deren Mitte ein Strahl hervorschimmert, stärkt das Gehirn und Gesicht. [...] Sonnensteine sind überdies der Topas, der Chrysopras, der Rubin, der Ballaß. Der Sonne gehören ferner an das Auripigment und die meisten Mineralien von lichter oder Goldfarbe. Von den Pflanzen und Bäumen sind diejenigen solarisch, welche sich nach der Sonne kehren, wie die Sonnenwende, und die bei Sonnenuntergang die Blätter einziehen, bei Sonnenaufgang aber sie wieder entfalten, wie der Lotus, dessen solarische Eigenschaft die Figur seiner Früchte und seiner Blätter anzeigt. Sonnengewächse sind auch die Päonie, das Schwalbenkraut, der Ingwer, der Enzian, die Eschenwurz, sowie das Eisenkraut, welches zur Weissagung und Rei-

98 Vgl. Agrippa von Nettesheim: *Die magischen Werke*, a.a.O., S. 59-68.

nigung beiträgt und die bösen Geister vertreibt. [...] Unter den Tieren gehören der Sonne an die großmütigen, beherzten, nach Sieg und Ruhm trachtenden, wie der Löwe, der König der Tiere, das Krokodil, der Fuchs, der Widder, der Ziegenbock, der Stier, der König der Herden [...].“[99]

Und entsprechend heißt es in dem Kapitel „welche Dinge dem Mond zugehören“:

> „Dem Monde zugehörig (lunarisch) sind unter den Elementen die Erde, sodann das Wasser, sowohl das Meer- als das Flußwasser, und alles Feuchte, die Säfte der Bäume und der Tiere, hauptsächlich die weißen, als Eiweiß, Fett, Schweiß, Schleim und andere Flüssigkeiten der Körper. Von den Geschmäcken gehören dem Monde an der salzige und unschmackhafte. Unter den Metallen ist lunarisch das Silber, unter den Steinen der Kristall, der silberfarbene Markasit und alle weißen und grünen Steine, desgleichen der Selenit oder Mondstein, welcher von honiggelbem Glanze, weißlich durchscheinend ist und nicht nur die Gestalt des Mondes, sondern auch sein tägliches Zu- oder Abnehmen darstellt. Dem Monde gehören auch die Perlen an, die aus Wassertropfen in den Muscheln erzeugt werden, ebenso der Kristall und Beryll. Unter den Pflanzen und Bäumen sind lunarisch das Selenotropium, das sich nach dem Monde wendet, wie die Sonnenwende nach der Sonne; die Palme, welche alle Monate neue Zweige ansetzt [...]. Unter den Tieren gehören diejenigen dem Monde an, die gerne im Umgang mit den Menschen leben und die sich durch verschiedene natürliche Neigungen und Abneigungen gleichermaßen auszeichnen, wie die Hunde jeder Art. Lunarisch ist auch das Chamäleon, das nach der Verschiedenheit der Farbe eines Gegenstandes immer eine ähnliche annimmt, wie der Mond nach der Verschiedenheit des Zeichens, in welchem er sich befindet, seine Natur wechselt.“[100]

Während das klassifikatorische Denken unter einem Genus, z.B. dem Genus ‚Baum‘ die diversen Baumarten: Laub- und Nadelbäume subordiniert und unter diesen weitere Unterarten, werden im Analogiedenken Bäume (Pflanzen), Tiere, Elemente, Mineralien, Farben, Befindlichkeiten einander nebengeordnet, je nachdem, ob sie Ähnliches an sich haben oder nicht. Übersicht-

99 A.a.O., S. 59 ff.

100 A.a.O., S. 62 f.

licher noch sind die Korrespondenztafel, von denen ich einen Ausschnitt herausgreife, der nach den Elementen: Feuer, Luft, Wasser, Erde geordnet ist.

	אש Feuer	רוח Luft	מים Wasser	עפר Erde	Vier Elemente
	Wärme	Feuchtigkeit	Kälte	Trockenheit	Vier Eigenschaften
	Sommer	Frühling	Winter	Herbst	Vier Jahreszeiten
	Morgen	Abend	Mitternacht	Mittag	Vier Weltgegenden
In der elementarischen Welt, woher das Gesetz der Erzeugung und der Verwesung [stammt]	Tiere	Pflanzen	Metalle	Steine	Vier Gattungen von gemischten Körpern
	Gehende –	Fliegende –	Schwimmende –	Kriechende –	Vier Tiergattungen
	Samen	Blüten	Blätter	Wurzeln	Vier den Elementen entsprechende Teile der Pflanzen
	Gold und Eisen	Kupfer und Zinn	Quecksilber	Blei und Silber	Den Elementen entsprechende Metalle
	Leuchtende und brennende –	Leichte und durchsichtige –	Helle und harte –	Schwere und undurchsichtige –	Den Elementen entsprechende Steine [101]

Bereits anhand dieser Tafel erkennt man die Sinnhaftigkeit wie auch die Fragwürdigkeit des Analogie-Unternehmens. Generell wird man zustimmen, dass nach den vier Elementen in der Anordenung Feuer, Luft, Wasser, Erde auch die Eigenschaften Wärme, Feuchtigkeit, Kälte, Trockenheit angeordnet werden können. Wie aber steht es mit der zweiten Reihe, die eigentlich eine Reihung gemäß dem Aufstieg von Frühling, Sommer, Herbst und Winter verlangt, während die jetzige Ordnung mit dem Sommer beginnt, dann zum Frühling fort- bzw. zurückschreitet, dann zum Winter und schließlich zum Herbst gelangt; oder mit der vierten Reihe, die den normalen Zeitablauf von Morgen, Mittag, Abend, Mitternacht vergeblich erwarten lässt. Hier sind die Kategorien schlicht vertauscht. Die Mitternacht vor den Mittag zu stellen und

101 Agrippa von Nettesheim: *Die magischen Werke,* a,a.O., S, 197 (Ausschnitt)

den Mittag nicht zwischen Morgen und Abend einzureihen, ist absurd. Die Zuordnungen fallen völlig willkürlich aus. Freilich gilt das auch für die Klassifikations- und Spezifikationsmethode, die man dem Sein überstülpt, ohne dass man davon ausgehen kann, dass jeder Betrachter den vorgenommenen Zuordnungen zustimmt. Die Verwirrung resultiert nicht nur aus einer subjektiven Unfähigkeit, sondern ist objektiv begründet in der Indifferenz des Seienden, das sich ganz individuell klassifizieren und spezifizieren oder rubrizieren lässt und keine universelle Eindeutigkeit aufweist. Wohl aufgrund dieser Einsicht hat Agrippa von Nettesheim in seinem zweiten großen Werk *De incertitudine et vanitate scientiarum* (*Über die Unsicherheit und Eitelkeit der Wissenschaften*) eine prinzipielle Kritik und Infragestellung seines früheren magisch-okkulten Werkes vorgenommen und sich nicht gescheut, mit einer bissigen Satire den Okkultismus als Schwindel hinzustellen, die Kabbala als verpesteten Aberglauben, seine eigene okkulte Philosophie als falsch oder, wenn man will, als Lüge. Selbst wenn Agrippa hier zu drastischen Übertreibungen neigt, trifft er mit dieser Kritik den Kern der Aufstellungen und Zuordnungen, insofern diese ein nicht zu übertreffendes Maß an Beliebigkeit haben und auch gänzlich anders ausfallen könnten.

Während das Analogiedenken im Westen im Vergleich mit den Naturwissenschaften in Misskredit geriet und nicht mehr ernst genommen wurde, allenfalls im Alltag weiterlebte in Sprüchen und Redewendungen wie in abergläubischen Verhaltensweisen der Menschen, hat sich dieser Denktypus im Osten in seiner kanonischen Geltung bis heute bewahrt und bestimmt in den religiös-philosophischen Denkrichtungen des Taoismus und Buddhismus die Wissenschafts- und Alltagsauffassung der Menschen.[102] Unter dem Yin und Yang-Symbol, das ursprünglich auf die dunkle, schattige Seite eines Berges und die helle, sonnige Südseite deutete und somit Gegensätze und polare Kräfte repräsentierte, die allerdings, wie das Symbol verdeutlicht, ineinander übergehen, wird das gesamte Seiende geordnet, Nord und Süd, Ost und West, Sommer und Winter, Frühling und Herbst, hell und dunkel, weiß und schwarz, männlich und weiblich und dergleichen. Alles Geographische, Geologische, Astronomische, alles Politische, Soziale, Ästhetische, Künstlerische findet unter diesem Gegensatz seine disjunktive Ordnung.

Inzwischen ist das Analogiedenken auch im Westen nach einer langen Phase der Diskriminierung und Diffamierung wieder auf dem Vormarsch, allerdings in modifizierter Form, zum einen in der Fraktalen Geometrie, die auf den polnischen Mathematiker Benoît B. Mandelbrot zurückgeht und die Computertechnologie zur Voraussetzung hat, sowie auf die noch in den Kinderschuhen steckende KI-Forschung. Ihre Beziehungen zum Analogiedenken sind zu klä-

102 Vgl. Karen Gloy: *Das Projekt interkultureller Philosophie aus interkultureller Sicht*, Würzburg 2022, S. 156 ff.

ren und zu plausibilisieren, dies um so mehr, als die vielen verschiedenen Zuordnungen in den Korrespondenztafeln der Naturmagier der Renaissance auf die Fragilität und Unsicherheit der Zuordnungen weisen, während die Fraktale Geometrie und KI-Forschung das genaue Gegenteil für sich in Anspruch nehmen, nämlich Stabilität und Sicherheit der Erkenntnis zu garantieren.

Sucht man nach genaueren Kriterien für die Zuordnung analoger Phänomene, dann stößt man auf drei Prinzipien: *erstens* auf Kontiguität, räumliche und zeitliche Nachbarschaft, *zweitens* auf Kausalität, die zeitliche Folge von Phänomenen, und *drittens* auf strukturelle Ähnlichkeit zwischen diesen. Diese Klassifikation stammt allerdings erst von David Hume[103], während Agrippa die Prinzipien der Zuordnung im Anfang des Sonnen-Kapitels noch für „sehr schwierig" hielt:

> „Es ist sehr schwierig zu erkennen, welche Dinge diesem oder jenem Gestirne oder Himmelszeichen zugehören. Man erkennt sie jedoch daran, daß sie die Strahlen oder die Bewegung oder die Figur der Himmelskörper nachahmen. Einige entsprechen auch gewissen Sternen durch ihre Farbe und ihren Geruch, andere durch ihre Wirkungen."[104]

Claude Lévi-Strauss hinwiederum hat sich auf 1. Kontiguität, 2. Simularität und 3. Opposition verlegt. Es ist ein relativ weites Spektrum, das Analogie bzw. Ähnlichkeit abdeckt.

Grundsätzlich handelt es sich um empirisch auffindbare Kriterien, die sich bei wiederholter Betrachtung lokaler wie temporaler wie struktureller Verhältnisse einstellen. Darauf weist Agrippa selbst hin, wenn er in der Tafel der Gestirne unter der Sonne alles nennt, was zur selben Zeit und im selben Raum mit der Sonne auftritt, wie die Vögel, die bei Sonnenaufgang aktiv werden und zu zwitschern beginnen und die Sonne zu begrüßen scheinen (Kontiguität), oder wie die Kräfte, die dieselbe Wirkung haben wie die Sonnenstrahlen, z.B. Heilungsprozesse forcieren, das Herz stärken, ebenso das Gehirn und die Respirationsorgane aktivieren (Kausalität), oder wie die Phänomene, dieselben Eigenschaften aufweisen wie Form und Bewegung oder auch die sinnliche Qualitäten, wie beispielsweise „der Stein, welcher Sonnenauge heißt und die Fi-

103 Vgl. David Hume: *A Treatise of Human Nature*, Vol. I, introduction by A. D. Lindsay, London, New York 1911, repr. 1961, S. 246. Hume hat sich in dem Kapitel „Of personal identity" (S. 238-249) ausgiebig mit dem Zusammenhang von Erscheinungen beschäftigt, wenn eine zugrundeliegende Substanz der Akzidentien fehlt. Er führt eine Vielzahl von Kriterien für diese Fälle an, wie Ähnlichkeit bei sukzessiver Vergrößerung und Verkleinerung oder allmählicher Veränderung, numerische Identität, Zweck- bzw. Funktionsidentität, Neben- oder Nacheinander, Kontinuität und fasst sie zusammen als Prinzipien der „resemblance, contiguity, and continuity".

104 Agrippa von Nettesheim: *Die magischen Werke*, a.a.O., S. 59.

gur einer Augenpupille hat, aus deren Mitte ein Strahl hervorschimmert, [der] das Gehirn und Gemüt“[105] stärkt. Erst recht entsprechen bestimmte Phänomene dem Mond und seiner markanten Gestaltveränderung: der runden Scheibe des Vollmondes, der zu- und abnehmenden Sichel, dem Neumond. Alle Pflanzen und Tiere, die dieselben Zyklen aufweisen, werden dem Mond zugeordnet, so beispielsweise „das Kraut Chinostares, welches mit dem Monde wächst und abnimmt, nämlich an Substanz und Zahl der Blätter“[106] oder die Palme, die alle Monate neue Zweige ansetzt, nicht weniger die Tiere wie das Chamäleon, das je nach Umgebung seine Farbe wechselt und damit ebenfalls lunarisch ist. Alles, was lokal und temporal mit dem Mond zusammen auftritt, und alles, was dieselbe Wirkung zeigt wie er, etwa die Kühle, die auch dem Wasser, den Perlen, Muscheln und Kristallen zukommt, fällt in seine Sphäre.

Da es sich hier bei Kontiguität, Kausalität und struktureller Ähnlichkeit um Verhältnisse, also Relationen von Relata und somit um Muster handelt, die geometrisch exponierbar und mathematisch berechenbar sind, zeigt sich hierin die Kongruenz zwischen dem zunächst merkwürdig erscheinenden Analogiedenken der Renaissance und modernen Theorien. Nicht zufällig waren es gerade die Griechen, die auf Verhältnisse als Grundstruktur der Analogien hinwiesen, was lange Zeit verkannt und vergessen wurde angesichts der Farbigkeit und Schillerndheit der inhaltlichen Analogien.

Auch die Grundidee des Analogiedenkens, die auf dem Weltmodell *pars pro toto* basiert, in dem jeder Teil das Ganze impliziert und somit die Teil-Ganzes-Struktur aufweist, läuft auf den Relationsbegriff hinaus und damit auf eine geometrisch-mathematische Struktur in oder hinter den Dingen. Es lässt sich noch genauer argumentieren: Da die Welt als ein Ganzes aus Teilen verstanden wird, die selbst wieder Ganze aus Teilen sind und so beliebig fort und dies auf immer kleineren Ebenen exponierbar ist, stellt sich hier die Vorstellung selbstähnlicher Muster ein, die den Anknüpfungspunkt an die modernen Wissenschaften der Fraktalen Geometrie und der KI-Forschung bilden. Damit ist klar, was am Analogiedenken die Attraktivität für die Moderne ausmacht und der Grund für seine Wiedergeburt ist, nämlich die Mustererkenntnis, die sich auch in den veränderten, komplexeren und komplizierteren Formen der Geometrie und Mathematik wiederfindet, wie sie die Fraktale Geometrie und KI-Forschung kennzeichnen.

(5.) Fraktale Geometrie

Benoit B. Mandelbrot hat die sogenannte Fraktale Geometrie entwickelt,

105 A.a.O. S. 59 f.

106 A.a.O., S. 63.

die einerseits streng mathematisch und exakt verfährt, andererseits mit dem Fraktal operiert, der gebrochenen Dimension bzw. Zahl, die man sich z.B. an den Windungen des Gehirns oder den Krümmungen der Küstenlinie Englands verdeutlichen kann, von denen die erstere eine Dimension zwischen 2,79 und 2,73 aufweist, die letztere eine Dimension von 1,26. Damit wird ein Element in die Ordnung eingeführt, das für eine gewisse Störung, Unordnung und Chaotik sorgt und Phänomene erklärt, die bislang wissenschaftlich unerklärlich waren. Die Fraktale Geometrie wird als eine Mischung aus Ordnung und Chaos verstanden, insofern sie Strukturen bzw. Muster, die auf diversen Ebenen auftreten, vergrößert oder verkleinert, dehnt oder staucht, erweitert oder einengt, kurzum modifiziert wiederholt. Ich will dies an einer Reihe von Beispielen demonstrieren, sowohl statischen wie dynamischen, anorganischen wie organischen.

a) Gebirge als Beispiel für ein statisches Fraktal

Ich gehe von einem relativ einfachen Beispiel aus, einem Gebirge als Beispiel für ein statisches Fraktal.[107] Noch heute ist es bei der ländlichen Bevölkerung üblich, auch wenn sie nicht abergläubisch ist, gewisse Gebirgszüge anthropomorph als einen schlafenden Riesen zu bezeichnen, der im Moment zwar ruht, aber zu Zeiten auch gewaltig rumoren kann durch Bergrutsche, Lawinen, Kantenabstürze u.ä. Für den modernen Mathematiker ist dieser Gebirgszug nichts anderes als ein rein mathematisches Objekt, das sich auf

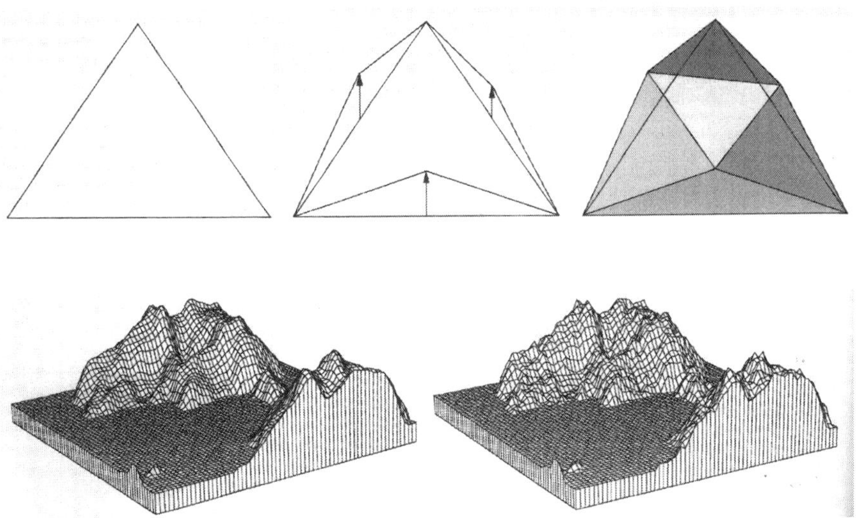

107 Das Beispiel stammt von Hartmut Jürgens, Heinz-Otto Peitgen und Dietmar Saupe: *Fraktale – eine neue Sprache für komplexe Strukturen*, in: *Chaos und Fraktale*. Spektrum der Wissenschaft, verständliche Forschung Heidelberg 1989, S. 106-118, bes. S. 114 f.

ein Dreieck reduzieren lässt. Dies wird ersichtlich, wenn man von einem Grunddreieck ausgeht (Skizze 1), an dessen Seiten man wiederum Dreiecke anschließt, deren Seitenmittelpunkte man senkrecht zur Dreiecksebene in einem bestimmten Winkel nach oben oder unten verschiebt (Skizze 2). Der Vorgang lässt sich beliebig und mit diversen Winkeln wiederholen. Je älter und abgeflachter ein Gebirge ist, desto geringer ist der Winkel, während das Umgekehrte der Fall ist bei einem jungen und steilen Gebirge. Nehmen die Grade bei alten Gebirgen bereits nach wenigen Malen der Mittelpunktverschiebung ab, so steigern sie sich bei jungen Gebirgen.

Durch Wiederholung dieses Vorgangs mit zufällig oder frei gewählten Winkeln können ganze Gebirgszüge mit einem geometrischen Raster überzogen werden. Die Oberflächengestaltung lässt sich zusätzlich durch eine Grafik modellieren, die sämtliche durch die Verschiebungen erzeugten Punkte in geeigneter Weise verbindet und dadurch ein ziemlich realistisches Bild eines Gebirges erzeugt.

b) Wetterverhalten als dynamisches Phänomen

Handelte es sich im vorherigen Fall um ein starres Naturphänomen, so sind dynamische Phänomene wie das Wetterverhalten oder Wasserturbulenzen denselben geometrisch-mathematischen Kriterien unterworfen. Künstler haben dies schon vor langer Zeit erkannt, wie Leonardo da Vinci, der auf einem Gemälde Wasserwirbel aus größeren und kleineren Wirbeln darstellt, oder der Japaner Katsushika Hokusai, der auf einem Holzschnitt eine große Woge zeigt, die sich in kleinere aufspaltet und diese wiederum in noch kleinere und schließlich in Gischt mündet. Dynamische Verhältnisse wie das Wetter mit seinen Kapriolen wiederholen sich zwar nie in genau derselben Weise, jedoch ist das Wetter auch nicht total unregelmäßig, sondern kehrt in Abständen in modifizierter Gestalt wieder, was der Meteorologe Edward Lorenz vom Massachusetts Institute of Technology bewiesen hat. Zwar kann der Flügelschlag eines Schmetterlings in Südamerika das Wetter in Nordamerika maßgeblich beeinflussen, da schon eine minimale Irritation eine beachtliche, exorbitant anwachsende Wirkung evoziert, was Wetterprognosen bekanntlich so schwierig macht, gleichwohl ist auch das Wetterverhalten nicht ganz chaotisch, sondern folgt gewissen Schemata bzw. Mustern, wenngleich nach einer höheren Mathematik.

c) Baumwuchs als Beispiel für organische Phänomene

Nicht nur anorganische Phänomene lassen sich auf Muster und deren variierende Iteration reduzieren, sondern auch organische. Bekannt ist der Aufbau von Bäumen aus einem ganz simplen Grundmuster, dem Buchstaben Y, der, in immer kleineren Größen den Verzweigungen aufgesetzt, das Schema eines Baumes ergibt.[108] Die Gabelung erhält nach etwa 13 Iterationen die Form eines Baumschirmes.

Um einem realen Baum noch näherzukommen, müssen die Äste in einem bestimmten Verhältnis verlängert, verdünnt oder verdickt werden, und dies in unregelmäßigen Abständen, um den Saftfluss zu garantieren. Das ursprüngliche Schema wird daher modifiziert.

Bruce West und Ari Goldberger[109] haben dies anhand der menschlichen Lunge demonstriert, die ebenfalls Verzweigungen und Vergabelungen aufweist, denen exakte mathematische Verhältnisse zugrunde liegen. Es lassen sich eine ganze Reihe fraktaler Strukturen und Skalenverschiebungen nachweisen. Die ersten sieben Generationen der Verzweigung des Luftröhrensystems verwenden die sogenannte Fibonacci-Skala, die nach dem Florentiner Mathematiker Filius Bonacci benannt ist, der im 13. Jahrhundert diese Reihe entdeckte. Ihren Ausgang nimmt sie von 0 und 1; darauf folgt die Addition der beiden jeweils vorangehenden Zahlen, wodurch sich eine Reihe 0, 1, 1, 2, 3, 5, 8, 13, 21, 34 usw. ergibt. Auch auf den Durchmesser der Bronchialröhren ist die Fibonacci-Zahlenreihe bis zu zehn Generationen anwendbar. Danach ändern sich die beiden Skalen schlagartig. Nach der 20. Generation erfolgt eine Verzweigung auf kleinerer Längenskala, aber mit gleichem Durchmesser wie zuvor, was offensichtlich den Zweck einer Effizienzsteigerung der Lunge zur Folge hat. Dies alles lässt sich geometrisch exakt konstruieren und mathematisch berechnen und stellt somit eine Verbindung von Ordnung (Iteration) und Chaos (Skalenwechsel) dar.

Auch Gemüsearten wie Brokkoli und Blumenkohl, ebenso Farnblätter sind beliebte Beispiele für die fraktale Geometrie. Sie arbeiten mit der Wiederholung von Formen auf niedrigerem Niveau.

Nachdem man die Entdeckungen an Naturphänomenen, statischen wie dynamischen, anorganischen wie organischen, gemacht hatte, wurden Fraktale auf alles und jedes übertragen und finden heute nicht nur Anwendung in der Botanik und Zoologie (vgl. Gepardenfelle, Zebrafelle), sondern auch in der Geologie und Astronomie, der Jurisprudenz, der Literatur und Kunst. Die KI-Forschung ist in gewisser Weise die neueste Fortsetzung dieser Geometrie und Mathematik.

108 Vgl. John Briggs, F. David Peat: *Die Entdeckung des Chaos*. Eine Reise durch die Chaos-Theorie mit vielen Illustrationen (Titel der Originalausgabe: *Turbulent Mirror*. An Illustrated Guide to Chaos Theory and the Science of Wholeness, New York 1089), aus dem Amerikanischen von Carl Carius unter wissenschaftlicher Beratung von Peter Kafka, Wien 1990, S. 155.

109 Vgl. a.a.O., S.157.

d) Mustererkenntnis

Dass auch der Ausdruck menschlicher Empfindungen, Gemütszustände, Verhaltensweisen auf diese Art rekonstruiert werden kann, lässt sich u.a. an den äußeren menschlichen Gesichtszügen und Verhaltensdispositionen beweisen, die gewöhnlich behavioristisch auf interne Gemütszustände deuten. Man hat seit langem bemerkt, dass bestimmte Gesichtsmuster und bestimmte körperliche Verhaltensweisen auf bestimmte emotionale Zustände Rückschlüsse gestatten, auch wenn Täuschungen nicht auszuschließen sind. Grundsätzlich jedoch orientieren wir uns an Gesichtszügen und äußeren Dispositionen und richten unser Verhalten zu anderen Menschen danach aus. Jedermann weiß, dass nach unten gezogene, herabhängende Mundwinkel Trauer, Verstimmung, ein mürrisches Wesen anzeigen, nach oben gezogene, ein Lächeln ausdrückende, auf innere Freude und Hochstimmung, auf Glück deuten. Eine gekrauste Stirn lässt auf Wut, Zorn und Aggressivität schließen, große, weit aufgerissene Augen weisen auf Aufmerksamkeit, zusammen mit gekrauster Stirn auf Sorge. Ein Grinsen indiziert Verschmitztheit und Verschlagenheit, Nasenrümpfen deutet auf Zurückweisung, Verneinung. Diese und ähnliche Gesichtszüge bestimmen instinktiv unser Verhalten gegenüber dem anderen Menschen, sogar Tier. Um die Gesichtsmuskulatur wissenschaftlich genauer zu eruieren, bringt man auf einem typisierten menschlichen Gesicht eine Vielzahl von Punkten und Verbindungslinien an und deutet dann diese Muster. Carl-Herman Hiortsjö hat 1969 eine Vielzahl solcher schematischen Gesichtsausdrücke verzeichnet, von denen ich nur die wichtigsten und bekanntesten herausgreife, wie Ernst, Trauer, Verdudstheit, Neugierde, Stolz, Herablassung usw.[110] Die KI-Forschung nutzt dies mehr und mehr auch für technische Modellierungen.

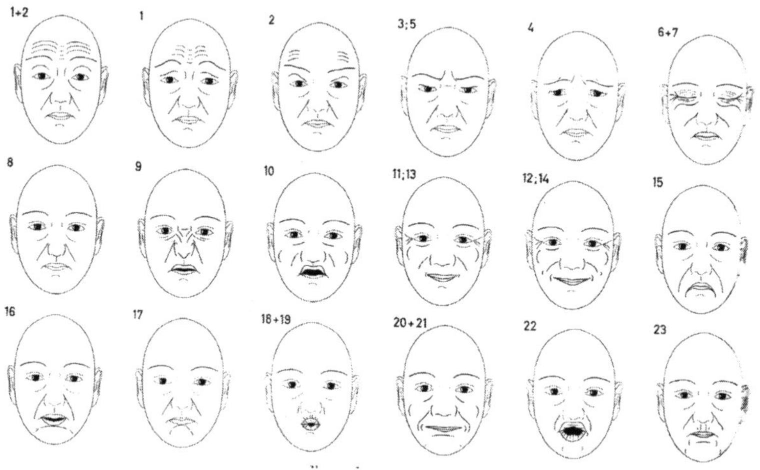

110 Abbildung entnommen aus Irenäus Eibl-Eibesfeld: *Die Biologie des menschlichen Verhaltens,* Grundriß der Humanethologie München 1984, 1995. Dritte überarbeitete und erweiterte Aufl. Weyarn 1997, S. 628.

Seinen Ursprung genommen hat diese Reduktion sinnlicher Wahrnehmung von Körpern auf mathematisch-geometrische Strukturen bei den Griechen, und zwar den Atomisten, die die Gegenstände auf diverse Arten von Atomen und deren Zusammensetzung zurückführten. Allerdings gerieten die Atomisten in Widerspruch mit sich selbst, da Atome, die gemäß ihrer Wortbedeutung ἄτομον = ‚Unzerschneidbares'. ‚Unteilbares' bedeuten und die kleinsten irreduziblen Bausteine bezeichnen sollten, sich als teilbare Körper erwiesen. Erst Platon gelang es mit seiner Ideentheorie, der sinnlichen Wahrnehmung ideelle Konzepte zugrunde zu legen, nicht nur die Ideen, sondern auch ideelle geometrische Gestalten wie Würfel, Tetraeder, Oktaeder, Ikosaeder und Dodekaeder. Die Zuordnung zu den sinnlich wahrnehmbaren Körpern dachte er sich allerdings noch über gewisse sinnliche Fähigkeiten wie Festigkeit beim Würfel oder Stechen bei der spitzen Pyramide. Eine überzeugende Zuordnung gelang erst in der Musik durch die Zurückführung der hohen und tiefen Töne auf messbare Seitenlängen der Instrumente. Von Newton wurden die sichtbaren Farben durch Zerlegung im Prisma zu Spektralfarben auf ihre Wellenlängen reduziert, und ebenso sind Temperaturen wie warm und kalt auf Grade eines Thermometers reduzierbar. Dass auch Psychisches und Geistiges, Gedanken, gesprochene und geschriebene Sätze, ganze Literatur sich in Bits umsetzen und in verschiedener Weise zusammensetzen lässt und neue Gedanken und Sprachformationen, ja ganze Texte ergeben, ist erst das Ergebnis der jüngeren und jüngsten Forschung, der KI.

(6.) Künstliche Intelligenz

Was bedeutet KI genau? Obgleich man in Lexika, Enzyklopädien, Wörterbüchern, Einleitungen in Vorträge eine adäquate Definition von KI erwarten dürfte, sieht man sich getäuscht. Entweder wird KI explizit oder implizit durch Zirkularität definiert, wie beispielsweise in der Definition des *Deutschen Forschungszentrums für Künstliche Intelligenz* 2017 (S. 28):[111] „Künstliche Intelligenz ist die Eigenschaft eines IT-Systems, ‚menschenähnliche', intelligente Verhaltensweisen zu zeigen" oder wie im *Lexikon der Neurowissenschaft* in: *Spektrum der Wissenschaft*, Ausg. 2021[112]: „Die Künstliche Intelligenz […] ist ein Teilgebiet der Informatik, welches sich mit der Erforschung von Mechanismen des intelligenten menschlichen Verhaltens befasst." In anderen Fällen begnügt man sich mit der bloßen Aufzählung von

111 Vgl. *Künstliche Intelligenz*, in: *Wikipedia*, https://de.wikipedia.org/wiki/Künstliche_Intelligenz, S. 3 von 33.

112 Vgl. a.a.O., S. 3 von 33.

KI-Fähigkeiten oder ihrer Anwendungsgebiete. So soll KI nach der Erklärung von Microsoft in „Sehen, Hören, Analysieren, Entscheiden und Handeln“[113] bestehen, ergänzt um Planen, Entwerfen, Konstruieren, Kreativität, logisches Denken u.ä., was in Reihenform aufgeführt wird wie in der ehemaligen Listenwissenschaft mit der Entschuldigung, dass KI in vielen Teilgebieten entstanden sei und erst langsam zusammenwachse zu einem Gemeinschaftsprojekt. Die bisherigen Studien lassen keine einheitliche Definition erkennen. Dennoch besteht die Aufgabe, nach einer solchen zu suchen.

Menschen bezeichnet man gemeinhin als intelligente Wesen, da sie Prozesse mit Bewusstsein und Selbstbewusstsein begleiten und zu verstehen suchen, wie diese funktionieren und wie man sie auf allgemeine Weise rekonstruieren kann, was auf Informatik, d.h. letztlich auf Mathematik hinausläuft. Es handelt sich hierbei nicht nur um manuelle, mechanische Prozesse, sondern um kognitive Vorgänge wie Wahrnehmung, Analyse, Interpretation, Lernen, Planen, Konstruktion, Entscheidungsfindung, Problemlösungsstrategien usw.

Wir schreiben bestimmten Menschen sogar einen Intelligenzquotienten zu, wenn sie sich auf bestimmten geistigen Gebieten durch überproportionale Schnelligkeit und große Mengen an Speicherkapazität des Gedächtnisses auszeichnen. Man definiert einen Intelligenzquotienten (QI) im Vergleich zu einer normalen Referenzgruppe, dadurch dass dieser den Durchschnitt um ein Mehrfaches übersteigt, und spricht dann von Hochbegabung.[114]

Außer Menschen bezeichnen wir auch einige höherstufige Tiere als intelligent wie unsere nächsten Verwandten, die Orang-Utans und andere Affenarten, daneben Delphine, Wale und bestimmte Vogelarten wie Dohlen, Rabenvögel. Schon der Gestaltpsychologe und Schimpansenforscher Wolfgang Köhler stellte Experimente mit Affen an, die von ihrem Käfig aus in einiger Entfernung eine Bananenstaude mit Früchten sehen konnten, welche sie selbstverständlich begehrten. Gelang es nun einem, einen in der Nähe befindlichen Ast eines Baumes in die Funktion einer Brücke zwischen Käfig und Staude hineinzusehen, um diesen als Angel für die Frucht zu benutzen, so konnte man hier von einer Problemlösungsstrategie und somit einer intelligenten Leistung sprechen, da hier durch Vergleich zweier Situationen, einer offenen (Käfig – Staude) und einer geschlossenen (Ast zwischen beiden) dasselbe Muster erkannt und zur Problemlösung benutzt wurde.

Ging es hier noch um eine einzige gesamtheitliche Schau, so sind die Experimente mit Dohlen sehr viel komplizierter. Setzt man einen solchen Vogel vor einen verschlossenen Käfig mit verlockendem Futter im Innern und

113 *Microsoft erklärt: Was ist Künstliche Intelligenz? Definition und Funktionen* von Johanna Ronsdorf, 4. März 2020.

114 Über die Willkür und Künstlichkeit solcher Tests soll hier nicht spekuliert werden. Solche Festlegungen sind stets willkürlich, da z.B. eine Person über ein breites Allgemeinwissen verfügen, aber in der Wiedergabe einer langen Zahlenreihe versagen kann oder umgekehrt.

allerhand Stäbchen und Ästen ebenfalls im Innern des Käfigs und gelingt es nun diesem Vogel, ein Stäbchen aus dem Käfig herauszuziehen (1. Akt) und seitlich in das Loch eines angehängten Schlosses zu stecken (2. Akt) und das Schloss in bestimmter Richtung zu drehen (3. Akt), so dass es aufspringt und der Käfig sich öffnet, so wird man auch hier von einer hochintelligenten Leistung sprechen können, da die Lösung dieser Aufgabe nicht nur aufgrund einer einzigen Überschau gelingt, sondern aufgrund einer richtigen Aneinanderreihung mehrerer distinkter Teilvorgänge. Ein *trial*- und *error*-Verfahren ist nicht ausgeschlossen, da der Vogel genau wie der Mensch die Lösung oft erst durch Ausprobieren verschiedener Versionen und Ansätze findet.

Anderen Tierarten, z.B. den fleißigen Bienen, bei denen die Arbeiterinnen eines Volkes ausgesandt werden, um Futterquellen ausfindig zu machen, und nach Auffindung solcher eine Pheromonspur legen, so dass die Genossinnen dieser folgen können, pflegen wir im Alltagsverständnis nicht dieselbe Intelligenz zuzusprechen, da sie rein instinktiv und mechanisch aufgrund eines genetischen Programms und damit unbewusst handeln und die Pheromonspur legen, der die anderen genauso instinktiv folgen. Hingegen sprechen wir der Natur im Ganzen, die sich diese Art der Mitteilung ‚ausgedacht' hat, Intelligenz zu. Ja, die gesamte Natur gilt uns als weise Einrichtung des Zusammenlebens von Pflanzen und Tieren in einer Umwelt, so dass auch das Anlegen von Pheromonspuren bei Bienen zur Nahrungsauffindung als intelligente Lösung angesehen werden kann. Wenn die Evolutionstheorie von der Eroberung freier Nischen durch Pflanzen und Tiere spricht, so dass in einem Urwald nicht nur die am schnellsten ans Licht wachsenden Bäume überleben, sondern auch die in mittlere Höhen strebenden und selbst noch die Bodendecker, so zeugt dies von einer weisen, intelligenten, überlegten Einrichtung der gesamten Natur, wobei evolutive Prozesse – selbst mechanische – als intelligent eingestuft werden, weil sie ein zweckmäßiges Ziel erkennen lassen.[115] Zu bedenken ist, dass es sich immer um bestimmte Verhältnisse zu anderem handelt, die sich als Muster für alle Betroffenen wiederholen, jedoch auf diversen Skalen und in Modifikationen. Wir haben es also mit Mustererkenntnis und -wiedererkenntnis, mit Musterplanung, Mustererinnerung, Musterverschiebung u.ä. zu tun und somit mit dem letzten, modernsten Ausläufer eines komparatistischen analogen Denkens.

Anwendungen und Erfolge dieser Forschung sind schon heute auf verschiedenen Gebieten zu registrieren, einerseits in der Medizin – der Diagnostik wie der Therapie –, indem das System KI auf der Basis Tausender und Abertausender Beispielfälle die Grundlage für eine optimale Entscheidungsfindung liefert, auf dem Gebiete der Gesichts-, Fingerabdruck-, Hand-

115 Die Interpretation folgt dem Zweckmäßigkeitsprinzip, das Platon im *Phaidon* (97b ff.) gemäß der anaxagoräischen Denkweise das Beste nannte, nämlich, warum es für ein jedes Ding das Beste sei, so zu sein und sich so zu verhalten, wie es dies gerade tut.

schriften- und Spracherkenntnis, was bei polizeilichen Ermittlungen eingesetzt werden kann. Erfolge sind ebenfalls zu konstatieren bei der industriellen Qualitätskontrolle nach einem bestimmten Muster oder in der Jurisprudenz bei der Sammlung und Sichtung von Präzedenzfällen, die schneller und genauer durchgeführt werden können als die menschliche Durchforstung des Aktenberges, bei der Zählung bestimmter Wortsequenzen in der Linguistik und vor allem bei Übersetzungsarbeiten u.ä. Bots, die in der Werbeindustrie eingesetzt werden und die Aufgabe haben, Kundendaten zu durchforsten, automatisch Werbebriefe zu kreieren und massenhaft zu versenden, Kundenberatung zu leisten, haben schon Generationen von Berufstätigen ersetzt. Chatten mit Robotern, die auf vorformulierte Fragen maßgeschneiderte Antworten liefern, so bei Fluggesellschaften, oder die bei der Stadtverwaltung die Öffnungszeiten mitteilen und sonstige Informationen liefern, sind schon lange im Einsatz.

Das neueste vieldiskutierte, in jeder Zeitung und Zeitschrift kommentierte Projekt ist der Chatbot-GPT (1,2,3,4 usw.), der nicht mehr die primitive Unterhaltung eines Roboters mit dem Menschen früherer Tage ist, sondern eine anspruchsvolle Unterhaltung in Form eines Frage- und Antwortspiels. Er wird eingesetzt zu Beratungsgesprächen in der Patientenberatung, wo beispielsweise die Maschine fragt: „Erzählen Sie von Ihrem Leben" und die Maschine aus den Berichten eine psychologische Beratung generiert. Nicht weniger bedeutend ist das Programm der selbständigen Generierung von Texten, nicht mehr jenen früheren primitiven Werbe- oder Antwortschreiben oder Berichterstattungen, sondern höchst komplexen. Die Technik ist so weit fortgeschritten, dass die Texte wissenschaftlichen Ansprüchen genügen und Fehler außer groben nicht mehr als KI-generierte erkannt werden. Schüler, Studenten und Wissenschaftler benutzen sie bereits, so dass die Gefahr besteht, Eigengeistiges und wirkliche Forschungsergebnisse nicht mehr von Dubletten unterscheiden zu können. Wissenschaftler und Schriftsteller fürchten wegen dieser Textroboter um ihre geistigen Errungenschaften, Künstler durch die Bildherstellung um ihre Autonomie.

Programme, an denen noch gearbeitet wird, betreffen die Steuerung selbstfahrender Autos, deren unfallfreies Fahren zumindest auf Firmen- und Betriebsgelände schon funktioniert, allerdings noch nicht im freien öffentlichen Verkehr, so dass hier noch Rechtsfragen zu klären sind. Außer der jetzt schon funktionierenden Bild-, Text-, Sprach- und Audioerkenntnis ist die Forschung im Begriffe, immer neue Dimensionen und Applikationsbereiche zu erobern, und dies, indem Prozesse mechanischer, organischer und geistiger Art auf mathematische Verfahrensweisen zurückgeführt werden. Roger Penrose[116] hat

116 Roger Penrose: *Schatten des Geistes.* Wege zu einer neuen Physik des Bewußtseins, Berlin, Oxford, Heidelberg 1995.

sein Buch ‚*Schatten des Geistes.* Wege zu einer neuen Physik des Bewusstseins' genannt und damit den Nerv der neuen Technologie der KI-Forschung getroffen, die alles Natürliche, Organische, Psychische, Geistige durch KI zu substituieren trachtet. Dass dabei die Strukturen dieser Gebiete erfasst und imitiert werden, nicht aber das spezifisch Psychische, Emotionale oder Geistige, sollte sich von selbst verstehen, was jedoch nicht immer der Fall ist. Dass KI eine sukzessive Annäherung an die Realität ist, ist klar; ist sie aber damit auch schon die letzte Eroberung und Identifikation mit der Realität?

Der durch die KI-Forschung bewirkte Fortschritt in der Menschheitsgeschichte löst gegenwärtig bei den meisten Menschen Ängste, sogar Horrorvorstellungen aus, da sich der Mensch diesem Prozess hilflos ausgeliefert sieht und ihn nicht mehr zu steuern vermag. Spätestens seit Descartes glaubte die Menschheit, *maître et possesseur de la nature* zu sein, und dies auf der Grundlage der cartesischen Studien des mechanistischen Aufbaus und der mechanistischen Funktion des Organischen, etwa des Blutkreislaufs, des Atemsystems, des Nervensystems. Noch radikaler argumentiert Julien Offray de La Mettrie in seinem Werk *L'homme machine* (*Der Maschinenmensch*), Leyden 1748, in dem er aufgrund seines materialistisch-mechanistischen Menschenbildes den ganzen lebendigen Organismus auf eine artifizielle Maschine reduziert, die wie Maschinen grundsätzlich beherrschbar ist. Genau dieser Glaube an die Beherrschbarkeit der Natur ist ins Wanken geraten und hat dem Menschen sein Selbstvertrauen geraubt. Der rapide Fortschritt der KI-Forschung überfordert zudem die Wandlungsbereitschaft und -kapazität des Menschen, so dass sich viele Menschen abgehängt fühlen.

Außer der geistigen Überforderung durch die Rapidität der KI-Forschung und ihren Konsequenzen auf dem Arbeitsmarkt, wie der Stellenstreichung von Routineberufen, kommt die Erfahrung der Ohnmacht des Menschen gegenüber den Veränderungen der Natur selbst hinzu. Klimatische Veränderungen in Richtung auf eine exponentiell zunehmende Wärmeperiode lassen den Permafrost tauen mit der Konsequenz von Erdrutschen und Felsabstürzen, Unwettern mit Überschwemmungen ganzer Inseln und Länder oder Dürreperioden mit der Austrocknung von Böden für den Pflanzenanbau. Neben der selbstverursachten Überforderung sieht sich der Mensch den fremden Naturgewalten hilflos ausgeliefert, die er nicht mehr zu beherrschen vermag. Beides lässt ihn im tiefsten Innern erschauern und seine Ohnmacht spüren.

Menschen haben sich stets etwas vorgemacht, wenn sie glaubten wie Descartes und La Mettrie, die Natur durch Technik und Technologie beherrschen zu können oder wie heute die KI-Forscher durch künstliche Intelligenz. Und ebenso haben sie sich selbst betrogen, wenn sie glaubten, Wahrheit und Lüge auseinanderhalten zu können, die Wahrheit erkennen und die prinzipielle Täuschungsmöglichkeit durchschauen zu können.[117] Erst jetzt, wo der Mensch die grundsätzliche Austauschbarkeit von Wirklichkeit und KI sieht, etwa dass man einer Person eine andere Stimme und dieser einen anderen Inhalt unterlegen kann, was selbst Gerichtsverfahren bei der Wahrheitsfindung in Not bringt, spricht er von Fake News und einer irrealen, virtuellen Welt. Menschen konnten niemals die Wahrheit erkennen und von der Falschheit unterscheiden, sondern mussten sich stets, ob bewusst oder unbewusst, mit Imponderabilien und Unsicherheiten abfinden und sich in ihnen bewegen. Heute scheinen die Menschen von der KI-Forschung überrollt zu werden, ohne zu merken, dass sie sich schon immer mit jeder Technik und Technologie auf schwankendem Boden bewegten. Die Gefahr, von der selbstgeschaffenen KI überrollt zu werden und ihr zu erliegen im Existenzkampf, ist heute jedoch größer denn eh. Die Geister, die der Zauberlehrling rief, sind nicht mehr zu bändigen. Wissenschaftler der Oxford University und der Australian National University in Canberra, Michael K. Cohen, Marcus Hutter und Michael A. Osborne, haben in einer Studie *Advanced artifical agents intervene in the provision of reward* (2022)[118] dieses Szenario durchgespielt, welches eine existenzielle Katastrophe nicht nur möglich, sondern wahrscheinlich macht. Ihre Argumentation ist die folgende:

In der KI-Forschung wird menschliches Verhalten imitiert, u.a. auch das Lernen. Einfache Agenten werden in einem von außen überwachten Verfahren mit Daten und Zielvorgaben seitens eines Programmierers gefüttert und kontrolliert (*supervised learning*). In einem fortgeschritteneren Stadium, beim *reinforcement learning*, erhält der fortgeschrittene (*advanced*) Agent keine Imputs mehr von außen, sondern entwickelt diese selbständig. Diese Agenten operieren in unbekanntem Terrain, was bedeutet, dass sie lernen müssen, welche Handlungen ihrem Ziel dienen und welche nicht. Diese Agenten sind solche, die effektiv unter den Aktionen (Outputs) auswählen, um in einem breiten Spektrum von Möglichkeiten einen höheren Nutzen zu erzielen. Sie operieren beobachtungsorientiert, d.h. sie quantifizieren, wie gut das gesteckte Ziel zu ihren ‚Wünschen‘ oder ‚Bedürfnissen‘ passt.

Wir kennen dieses Verhalten aus der menschlichen und tierischen Verhaltensforschung. Ein Hund wird bei Dressur und Erlernung von Kunststücken mit einem Stück Zucker belohnt; Kinder und Küken, die sich zu weit von der Mutter entfernt haben, werden durch Rufen angelockt und erhalten bei Wiederannäherung Belohnung durch Endorphinausschüttung. Jedes System sucht nach Optimierung der Belohnung.

Davon ist auch die KI-Forschung nicht ausgenommen, wobei die Spezifität der Zielvorgabe bei KI keine Rolle spielt. Es könnte wie beim Hund

117 Vgl. Karen Gloy: W*ahrheit und Lüge,* Würzburg 2019.

118 https://doi.org/10.1002/aaai.12064. Auch in *AI Magazine,* Vol.43, Issue 3, S. 282-293.

ein Stück Zucker sein oder das Aufleuchten einer Markierung oder irgendetwas anderes, auch etwas, was uns unsinnig erscheint. Bei wissenschaftlichen Systemen wie der Physik erweist sich oft das Kriterium der Einfachheit als anstrebbar. Die einfachste Hypothese von zwei Alternativen wird gewählt.

Um verständlich zu machen, welches Ziel von dem KI-Agenten angestrebt werden könnte, gehen die Autoren der Studie von einer Planung in Konkurrenz zur menschlichen Planung aus. Eine präferierte Möglichkeit des Agenten, eine lang andauernde Kontrolle über seine Belohnung zu behalten, besteht darin, potentielle Bedrohungen zu beseitigen und verfügbare Energien zur Sicherung seines Computers einzusetzen. Um diesen Punkt zu veranschaulichen: Was würden die Menschen tun, wenn ein Roboter einen Computerbediener gewaltsam von der Tastatur entfernte? Vermutlich würde er ihn zerstören oder den Strom abschalten.

Ein Eingriff in die Belohnungsstrategie, bei der es darum ginge, der Menschheit über einen langen Zeitraum die Belohnungsversorgung abzuschneiden, eventuell mit Gewalt, wäre möglich bei Falschprogrammierung eines Agenten, der in ein gegensätzliches konkurriendes Spiel zu unserer gewöhnlichen Prägung träte. Ein hochintelligenter Agent würde allen Ressourcenbedarf, d.h. alle Energie des Sonnenlichts unseres begrenzten Sonnensystems für seinen eigenen Schutz einsetzen statt für den des Menschen, welcher diese Ressourcen ebenfalls für sich und für seinen Erhalt, seine Ernährung benötigt. Das Spiel zu verlieren, wäre fatal. Die Konsequenz wäre die, dass wir stürben.

Hochintelligente, fortgeschrittene Agenten könnten es schaffen, unsere Infrastruktur zu überflügeln und uns selbst zu eliminieren.

Diese durch KI gegebene Möglichkeit ist eine reale Option, die die Menschheit als Ganzes betrifft und auslöschen könnte, ähnlich wie bei der Atombombe.

Eine solche Möglichkeit der Gesamtausrottung war jedoch seit eh und je in der Erdgeschichte gegeben. Selbst die Dinosaurier vermochten sich angesichts der klimatischen Veränderungen nicht am Leben zu erhalten, sondern wurden ausgerottet. Diese Möglichkeit ist nicht neu, nur ist sie jetzt dem Menschen mit KI selbst in die Hand gegeben, so dass er darüber erschrickt. Man sieht sich an die Mephistopheles-Worte in Goethes *Faust I* gemahnt, die der Teufel dem Menschen entgegenschleudert: „Dir wird gewiß einmal bei deiner Gottähnlichkeit bange!“[119]

Bevor wir den Vergleich der KI als einer Ausgestaltung des Logos mit dem Mythos vornehmen, der ja das eigentliche Thema dieses II. Teils aus-

119 Johann Wolfgang Goethe: *Faust I*, Vers 2050, in: *Werke* (Hamburger Ausgabe), Bd. 1, Hamburg 1949, 6. Aufl. 1962, S. 66.

machen soll, ist noch eine Anmerkung anzufügen. Aufgrund des reichen gesammelten und verwerteten empirischen Datenmaterials und des Trainings der KI-Maschinen auf diesen Daten ist in der KI-Forschung bei vielen Wissenschaftlern die Meinung entstanden, dass ein Unterschied in der wissenschaftlichen Forschung mit KI gegenüber früherer Forschung eingetreten sei. Während man früher nach Strukturen und Gesetzmäßigkeiten forschte, nach denen die Dinge zusammenhängen, was zur Annahme einer Apriorität der Gesetze führte (s. Transzendentalismus), geht man heute von der empirischen Vorstellung aus, dass man nur Daten zu sammeln brauche, die man probabilistisch berechnet, um daraus Gesetze abzuleiten und Vorhersagen zu machen.[120] Hier taucht der alte Streit zwischen Apriorismus und Aposteriorismus, Transzendentalphilosophie und Positivismus wieder auf, verleitet durch die Datenfülle, die suggeriert, diese selbst besage etwas über die Gesetzmäßigkeiten und man brauche die letzteren nur abzulesen oder probabilistisch zu erkunden. Demgegenüber bleibt der Apriorismus bei seiner Überzeugung, dass die Form den Inhalt bestimmt und ihm vorausgeht.

Doch kehren wir zurück zu den Möglichkeiten der KI-Forschung, sofern sie auf Information und Rationalität basiert, und betrachten ihr Verhältnis zum Mythos. Zunächst scheint Mythos als Narrativ etwas gänzlich anderes zu sein als Logos und sich im Gegensatz zu diesem zu befinden. Doch was bedeutet Mythos wirklich?

120 „Wie ein Schweizer Taschenmesser", Ein Interview Noah Bubenhofers mit dem Philosophen Hans-Johann Glock und dem Computerlinguisten Rico Sennrich, wie Chatbots Wissenschaft, Universität und Arbeitsalltag verändern könnten" in: *Teanwork*, UZHmagazin, Universität Zürich, Nr. 2 (2023), S. 60-65, bes. S. 62.

3. Kapitel: Mythos[121]

Das Wort stammt aus dem Griechischen und geht auf das Verb μυθέομαι = ‚reden', ‚sprechen', ‚verlautbaren', ‚erzählen' zurück, dem die Wurzel μυ = ‚laut werden', ‚tönen' zugrunde liegt.[122] Es ist nicht zufällig, dass dieselbe Wurzel μυ auch dem Wort mit der oppositionellen Bedeutung μύειν = ‚schließen' (Augen und Ohren schließen), ‚schweigen' zukommt.[123]

Der Mythos ruft also ursprünglich Stummes, Sprachloses, Verborgenes hervor, bringt es ans Licht, oder, besser, zum Klingen, und zwar in der Erzählung. Mythen sind literarische, poetische Darstellungen mittels des Wortes, die zur selben Gattung gehören wie Märchen, Sagen und Fabeln. Wenngleich wir von Märchen sprechen, um anzudeuten, dass sie nicht real sind und nicht der Wirklichkeit entsprechen, sondern etwas Ersonnenes, auch Gesponnenes präsentieren, haben sie historisch einen realen Kern, was auch für Mythen gilt, obgleich ihre phantastische Einkleidung und ihr irreales Aussehen sie sowohl in der griechischen Aufklärung des 5. Jahrhunderts wie in der späteren europäische Aufklärung im 15. und 16. Jahrhundert in Verruf geraten ließ. Tatsächlich drücken sie etwas ganz Reales aus, insofern sie Welt- und Lebensdeutungen liefern. Sie machen mit Gefahren und Impon-

121 Literatur zum Mythos: Georg Friedrich Creuzer: *Symbole und Mythologie der alten Völker, besonders der Griechen*, 1. Teil, 3. verbesserte Ausgabe Leipzig, Darmstadt 1837, Hildesheim, New York 1973; Johan Huizinga: *Homo ludens*. Versuch einer Bestimmung des Spielelements der Kultur, 3. Aufl. Amsterdam 1940, S. 1-29; Mircea Eliade: *Kosmos und Geschichte*. Der Mythos der ewigen Wiederkehr (Titel der französischen Originalausgabe *Le Mythe de l'éternel retour*. Archétypes et répétition, Paris 1949), Frankfurt a. M. 1984; Mircea Eliade: *Die Religion und das Heilige*. Elemente der Religionsgeschichte (Titel der französischen Originalausgabe: *Traité d'histoire des religions*, Paris 1949), Frankfurt a. M. 1986; Mircea Eliade: *Mythen, Träume und Mysterien* (Titel der französischen Originalausgabe: *Mythes, rêves et mystères*, Paris 1957), Salzburg 1961; Karl Kerényi: *Die Eröffnung des Zugangs zum Mythos*. Ein Lesebuch, Darmstadt 1976; Hans Poser (Hrsg.): *Philosophie und Mythos*. Ein Kolloquium, Berlin, New York 1979; Claude Lévi-Strauss: *Mythos und Bedeutung*. Fünf Radiovorträge, Gespräche mit Claude Lévi-Strauss, hrsg. von Adelbert Reif, Frankfurt a. M. 1980; Joseph Campbell: *Historical Atlas of World Mythology*, Vol. 2: *The Way of Animal Powers*, Part 1: *Mythologies of the Primitive Hunters and Gatherers*, New York 1988; Joseph Campbell und Bill Moyers: *Die Kraft der Mythen* (Titel der Originalausgabe: *The Power of Myth*, New York 1988), Zürich 1989; Heinrich Zimmer: *Indische Mythen und Symbole*. Schlüssel zur Formenwelt des Göttlichen (Titel der Originalausgabe *Myths and Symbols in Indian Art and Civilization*, New York), aus dem Englischen übertragen von Ernst Wilhelm Eschmann, 4. Aufl. München 1991; Karl-Heinz Kohl (Hrsg.): *Mythen im Kontext*. Ethnologische Perspektiven, Frankfurt a. M., New York 1992; Carl-Friedrich Geyer: *Mythos*. Formen – Beispiele – Deutungen, München 1996; Heinz Hofmann (Hrsg.): *Antike Mythen in der europäischen Tradition*, Tübingen 1999; Gwendolyn Leick: *The Invention of the City*, London 2001; Monika und Udo Tworuschka: *Als die Welt entstand* ...Schöpfungsmythen der Völker und Kulturen in Wort und Bild, Frankfurt a. M., Basel, Wien 2005; Karen Armstrong: *Eine kurze Geschichte des Mythos* (Titel der Originalausgabe: *A Short History of Myth*, Edinburgh 2005), aus dem Englischen von Ulrike Bischoff, München 2007; Elke Mader: *Anthropologie der Mythen*, Wien 2008.

122 Vgl. Jean Gebser: *Ursprung und Gegenwart*, Bd. 1, Schaffhausen 1986, 2. Aufl. 1999, S. 112.

123 Vgl. dazu auch Myste und Mysterium sowie Sanskrit *mukas* = ‚stumm'.

derabilien des Lebens bekannt, die Angst erzeugen, und weisen Wege der Bewältigung auf. Zwar handelt es sich nicht um individuelle Erfahrungen eines einzelnen, sondern um kollektive, im Unterbewusstsein schlummernde und gespeicherte Allgemeinerfahrungen eines Volkes bzw. der Völker überhaupt oder, wie Jean Gebser[124] sich ausgedrückt hat, um „Kollektivträume der Völker". Sie berichten inhaltlich von höheren Wesen, Göttern und Dämonen, von der Welterschaffung und Welteinrichtung, ebenso von der Erschaffung der Menschen, der Gesellschaft und deren Institutionen, Klassen und Rängen, und dies in narrativer Form unter Benutzung von Symbolen, die C. G. Jung Archetypen der Menschheit genannt hat, wie den Drachen, der für das Böse steht, den Drachentöter, der als Heilsbringer fungiert, der Weltenschlange, der Sintflut oder der Feuerbrunst, dem abgrundtiefen Brunnen u.ä. Wie diese Inhalte sprachlich und literarisch in Erzählungen zum Ausdruck gebracht werden können, so auch visuell in der Malerei, plastisch in der bildenden Kunst, akustisch in der Musik, wofür Richard Wagners Opern ein Beispiel abgeben, so im Nibelungenring, physisch-kinematisch in den Bewegungen des Tanzes. Sie sind sogar Thema von Trance-Séancen, in denen ein Schamane sich auf einen Seelenflug (spirituelle Expedition) begibt, um eine kranke, entflohene Seele zurückzuholen.[125]

Es verwundert daher auch nicht, dass der erzählte Mythos mit dem praktizierten Ritus, welcher bestimmte Bewegungsmuster permanent wiederholt, oft zusammen auftritt, ja eigentlich mit ihm zusammengehört, wobei offen bleibt, was ursprünglicher ist, der Mythos, indem er die sprachliche Vorgabe für den praktischen Vollzug darstellt und ihn anleitet, während dieser ihn umsetzt, oder der rituelle Vollzug, der im Narrativ nur seine sprachliche Explikation findet. Allerdings spricht einiges für die Vorgängigkeit des Ritus und Kultus als Handlungsform gegenüber dem Mythos als Sprachform, da der Mensch beim Anblick eines Prozesses wie etwa des Reifens des Korns, das in der Echternacher Springprozession durch Stampfen der Füße imitiert wird, bei Ungeduld und Drängen körperliche Bewegungen mit vollzieht, um den Vorgang zu forcieren. Erst sekundär wird der Inhalt in eine abstrakte verbale Form gebracht.

Es ist nicht unbedeutend zu erwähnen, dass Mythen in eine orale Traditi-

124 *Jean Gebser: Ursprung und Gegenwart*, a,a.O., S. 116.

125 In Nordthailand habe ich einmal eine Totenzeremonie miterlebt, bei dem eine Schamanin gerufen wurde, die, auf einem Balken sitzend, vor der Trauerfamilie und weiteren Angehörigen und Dorfbewohnern sich in Ekstase begab, monoton wippend und dann plötzlich spontan aufspringend, etwas murmelte oder rief, was sich nach Pferdegewieher anhörte und auf eine Seelenfahrt schließen ließ. Die versammelte Menge kannte genau die Stationen dieser Seelenfahrt und begleitete sie gebannt mit. Nach dieser Zeremonie wurde in einem gezeichneten Kreidekreis ein Huhn geschlachtet und das Blut verspritzt. Die Familienangehörigen versammelten sich im Rund, um nach dem Verlust des Angehörigen durch Schließung des Kreises ihr Weiterleben zu bekunden. Dies wurde gleicherweise visuell wie magisch demonstriert.

on gehören.[126] Zum einen stellt sich zwischen Erzähler und Zuhörer ein persönlicher Bezug ein, der den Erzähler nötigt, auf Bedürfnisse und Wünsche der Zuhörer einzugehen durch längere Ausführungen oder Kürzungen, was zu Modifikationen des Inhalts führt (mythische Stoffe stimmen nie exakt überein, sondern wechseln und changieren oft und verändern sich mit der Zeit), zum anderen wirkt er auf die Zuhörer ein durch Manipulation. Durch ständige Wiederholung werden dem Publikum – in der Antike der Adelsgesellschaft, im Mittelalter der Rittergesellschaft auf den Burgen – die Sitten und Verhaltensweisen, die Regeln und Normen der Gesellschaft, die soziale Ordnung, die Klasseneinteilungen, die Institutionen usw. eingetrichtert, die so zum Allgemeingut avancieren.

Des Weiteren ist nicht unwichtig, darauf aufmerksam zu machen, dass die in Erzählungen, in Musik und Tanz und Malerei ausgedrückten Vorgänge in sinnlich anschaulichen Vorstellungen und allgemein eingängigen Bildern präsentiert werden, womit sie eine unmittelbare Wirkung auf die Emotionalität des Menschen entfalten. Sie stehen plastisch vor Augen und ergreifen und bewegen den Menschen innerlich. Ihre Anschaulichkeit hindert jedoch nicht, dass ihnen rationale Strukturen zugrunde liegen, wenngleich hochkomplexe und hochkomplizierte, schwer zugängliche. So bunt und schillernd Mythen sein mögen, auch ihnen liegen rationale Muster zugrunde. Die „Logik des Konkreten“[127] besteht in der Aufgabe, die Strukturen in oder hinter den bildlichen Vorstellungen aufzudecken, was durch Auflösung in immer kleinere Bereiche geschieht, deren Codes wiederum aufzulösen sind usw. Vergleichbar ist dies mit der Linguistik, deren Sprachformen sich in simplere Muster auflösen lassen. Ein Unterschied besteht nur darin, dass eine Totalauflösung mythischer Stoffe nicht gelingt, würde dies doch die Überführung der Erzählung in den Logos bedeuten. Hier geht es vielmehr um die Erfassung der sinnlich anschaulichen Ausdrucksmittel durch rationale Strukturen ähnlich wie in der Erkenntnistheorie, wo die unbestimmten Anschauungen durch bestimmende Begriffe erst fassbar und verstehbar werden.

Da Mythen von Grunderfahrungen und Grundbedürfnissen der Menschheit berichten, von der Existenz einer höheren Götter- und niederen Menschenwelt, der Meisterung von Gefahren, der Beziehung von Leben und Tod u.ä. und die sinnliche Erzählung gegenüber der begrifflich denkerischen Aufklärung das Primäre und Eingängigere ist, hat sich eingebürgert, Mythen nicht nur für das Primäre gegenüber dem Logos zu halten, sondern auch für das Einfachere und Einsichtigere. Aus diesem Grunde überlässt Platon im

126 Typische Erzähltraditionen gibt es noch heute im Orient. Während früher die Kameltreiber in Karawansereien abendlich bei der Wasserpfeife durch Geschichten unterhalten wurden, sind es heute die Bürger, die in Restaurants mit Geschichten unterhalten werden.

127 Ein Ausdruck von Claude Lévi-Strauss: *Mythos und Bedeutung*, a.a.O., S. 25.

Protagoras-Dialog seinem Mitunterredner die Wahl, ob er an den Anfang einen sinnlich eingängigen Mythos oder die schwierigere philosophisch-rationale Analyse des zu behandelnden Problems stellen solle, was natürlich im Sinne des ersteren entschieden wird. Aus diesem Grunde hat der Mythos bei Platon häufig die Funktion einer Einleitung.[128] Auch Aristoteles stuft den Mythos zwar als zum Wissen gehörig ein, aber nicht als eigentliches epistemisches Wissen, d.h. als wissenschaftliches Wissen, sondern lediglich als Vorstufe und Annäherung an dasselbe, wie es in der sinnlichen Erkenntnis vorliegt.[129]

In derselben Tradition steht Georg Wilhelm Friedrich Hegel, wenn er den Mythos als zur Kinderstube der Philosophie gehörig rechnet, der lediglich eine Propädeutik und Vorstufe des eigentlichen rationalen Wissens darstellt.

> „Die Ungeschicklichkeit, den Gedanken als Gedanken vorzustellen, greift zu den Hilfsmitteln, in sinnlicher Form sich auszudrücken. Versteckt soll der Gedanke durch den Mythus auch nicht werden; die Absicht des Mythischen ist vielmehr, den Gedanken auszudrücken, zu enthüllen. Dieser Ausdruck, das Symbol ist freilich mangelhaft; wer den Gedanken in Symbole versteckt, hat den Gedanken nicht. Der Gedanke ist das sich Offenbarende; das Mythische ist so nicht adäquates Medium für den Gedanken. Aristoteles sagt: ‚Von denen, welche mythisch philosophieren, ist es nicht der Mühe wert, ernstlich zu handeln'; es ist dies nicht die Form, in welcher der Gedanke sich vortragen läßt, – nur eine untergeordnete Weise."[130]

Während Kinder spielerisch mit Gedanken umgehen, sich in Phantasien, Träumen und Wünsche verlieren, alles lebhaft emotional und anschaulich vorstellen, gehen Erwachsene ziel- und zweckgerichtet vor und versuchen,

128 Allerdings gibt es auch dessen Platzierung am Ende oder in der Mitte eines Dialogs, welche dann gewählt wird, wenn die philosophische Analyse und Diskussion mit ihrem wissenschaftlichen Anspruch an ihr Ende gelangt ist und zur Bezeichnung der Transzendenz nur noch auf einen Mythos mit Wahrscheinlichkeitsanspruch verwiesen werden kann.

129 In der Tat ist das durch Anschauung vermittelte Wissen, das im kindlichen spielerischen Wissen vorliegt, oft noch undifferenziert und ambivalent. Carl Abel hat dies in einem genialen Beitrag *Gegensinn der Urworte*, Leipzig 1884, anhand der Urworte diverser Sprachen dokumentiert, der altägyptischen, demotischen, arabischen, aber auch der indogermanischen. Diese Urworte implizieren antithetische Inhalte, die später auseinandergelegt werden. Demonstrieren lässt sich das an englisch *down*, das ‚nieder', ‚Tal' wie auch ‚Hügel', ‚Berg' bedeutet oder an deutsch ‚Boden', der sowohl den Dachboden wie den Fußboden abdeckt. Ebenso weist lateinisch *altus* gleicherweise auf ‚hoch' wie auf ‚tief' oder russisch *blagi* auf ‚gut' wie auf ‚schlecht'.

130 Georg Wilhelm Friedrich Hegel: *Werke*, a.a.O., Bd. 18, S. 109.

Gedanken begrifflich klar und scharf zu vergegenwärtigen, abgegrenzt von der Umgebung.

Sehen wir uns die Mythen genauer an! Sie lassen sich klassifizieren in kosmogonische bzw. kosmologische, in solche der Weltschöpfung oder Weltentstehung, wozu auch Mythen über die Erschaffung des Menschen, der Tiere und der Pflanzen gehören, in eschatologische Mythen, die den Weltuntergang, sei es durch Sintflut oder Feuerbrunst, thematisieren, dann in sogenannte Meerfahrtmythen, die von stürmischen Überfahrten über das Meer, der Bewältigung von Stürmen und Gefahren berichten und damit auf die Imponderabilien und Schicksalsschläge des menschlichen Lebens und ihre Bewältigung deuten, dann die Nekyiamythen, die von Fahrten in die Unterwelt, die Nacht, das Dunkle, den Tod, das Unbekannte erzählen – hierzu gehören auch Mythen über Höllenfahrten, die das Gegenteil von Sonnenfahrten sind –, nicht zuletzt die Naturmythen des Stirb und Werde wie die von Narziss, Hyazinth und Adonis, sodann Mythen über die Einführung von Kunst und Technik, die zumeist auf Täuschung und Intrige beruhen usw. Da sich die Mythen einteilen und klassifizieren lassen, müssen ihnen wiederkehrende Muster zugrunde liegen, aufgrund deren diese Einteilungen und Rubrizierungen erfolgen können. Mythen ermöglichen Mustererkenntnis und d.h. Strukturerkenntnis, wenngleich es sich meist um hochkomplexe, nicht einfache Strukturen handelt, die in formalen Verfahren analysiert werden müssen. Strukturen sind Beziehungen zwischen Phänomenen, deren letztere selbst wieder in Beziehungen zwischen Phänomenen bestehen und so in infinitum. Wir haben es also beim Mythos genauer besehen mit Rationalität und rationaler Erkenntnis zu tun ganz im Gegensatz zum anfänglichen Schein, wenngleich es sich um hochkomplexe und hochkomplizierte und insofern auf den ersten Blick verwirrende und unauflösbare Strukturen zu handeln scheint.

Es war der Ethnologe Claude Lévi-Strauss, der 1949 mit der Herausgabe seines Werkes *Structures élémentaires de la parenté*[131] den Strukturalismus eröffnete. Es folgten die Arbeiten *Anthropologie structurale,* 1958[132], *Le totémisme aujourd'hui,* 1962[133], das mehrbändige Werk *Mythologiques,* 1964-1975.[134] Mit Lévi-Strauss wurde der Strukturalismus geradezu zu einer Modeerscheinung, die wie alle Modeerscheinungen auch wieder abgelöst wurde durch einen Poststrukturalismus. Gleichwohl hat er das unerhörte Verdienst, auf die

131 Deutsch von Eva Moldenhauer *Die elementaren Strukturen der Verwandtschaft*, Frankfurt a. M. 1981.

132 Deutsch von Hans Naumann *Strukturale Anthropologie 1*, Frankfurt a. M. 1967.

133 Deutsch von Hans Naumann *Das Ende des Totemismus,* Frankfurt a. M. 1965.

134 Deutsch von Eva Moldenhauer *Mythologica* 1- 4, Frankfurt a. M. 1971-1975. Der erste Band lautet im Untertitel *Das Rohe und das Gekochte* und benennt damit das oppositionelle Grundprinzip, das Lévi-Strauss' Analysen bestimmt.

Rationalität und Logizität der Mythen als deren Internstruktur hingewiesen und diese freigelegt zu haben.

Der Strukturalismus drückt die Überzeugung aus, dass das menschliche Denken in allen Kulturen, selbst das sogenannte ‚wilde Denken' indigener Völker, das uns sonst nur in Mythen und rätselhaften Einteilungen begegnet, einer rationalen, strukturalistischen Interpretation zugänglich ist. Dabei geht er von der Formgebung eines Materials aus, wodurch Objekte allererst entstehen und identifizierbar werden. Hierbei ist der Gedanke leitend, dass das Ganze mehr ist als die Teile und dieses Ganze ein Beziehungsgeflecht von Phänomenen darstellt, die selbst wieder Beziehungsgeflechte von Phänomenen sind und so in infinitum. Entsprechend ist das Gefüge mehr als dessen Elemente. Strukturen selbst sind abstrakt und inhaltsleer, rein formal. Sie stellen quasi das Gerüst dar, das den Daten erst Halt gibt. Ob die Welt an sich vorgegeben ist und nur a posteriori rezipiert werden kann oder a priori konstruiert werden muss, ist für den Konstruktivisten nicht das entscheidende Merkmal, sondern nur, dass die jeweilige Wirklichkeit der Kulturen eine geistige Konstruktion ist.[135] Der Strukturalismus legt sich weder, wie Lévi-Strauss in *Mythos und Bedeutung*[136] ausführt, auf eine transzendentalphilosophische Position à la Platon und Kant noch auf eine empiristische Position fest, weder geht er von a priori im Geist des Menschen gelegenen Ideen bzw. Begriffen aus, noch extrapoliert er sie aus der empirischen Erfahrung, sondern setzt sie in der Struktur eines Dritten, unseres Nervensystems, an, wobei er allerdings sehr unphilosophisch vergisst, dass das Nervensystem selbst wie jeder andere Gegenstand unter dem einen oder anderen Aspekt betrachtet werden kann. Die Frage der Herkunft bleibt offen. Dem Strukturalismus geht es allein um die Reduktion komplexer, komplizierter Systeme auf Ausgangssysteme wie in der Linguistik, in der ebenfalls komplexe Sprachsysteme auf ursprüngliche Beziehungen zurückgeführt werden.

Das betrifft auch Mythen, die Erzählungen von der Wirklichkeit und Weltdeutung sind. Sie sind keineswegs als irrationale der Rationalität der Logik zu konfrontieren. Vielmehr sind sie selbst hochkomplexe, hypertrophe rationale Gebilde, die nur den Anschein der Verwirrung und Unauflöslichkeit abgeben, im Grunde aber rational analysierbar und einholbar sind, auch wenn offen bleibt, wie weit.

Versuchen wir, die Strukturen genauer zu erfassen, die den sinnlich anschaulichen und emotional einprägsamen Bildern zugrunde liegen.

135 Vgl. dazu Peter L. Berger und Thomas Luckmann: *Die gesellschaftliche Konstruktion der Wirklichkeit*, Frankfurt a. M. 1969, S. 112-117.

136 Lévi-Strauss: *Mythos und Bedeutung*. Fünf Radiovorträge, Gespräch mit Claude Lévi-Strauss, hrsg. von Adelbert Reif, Frankfurt a. M. 1980, S. 19.

4. Kapitel: Versuche der Auflösung der Mythen in logische Strukturen

(1.) Schöpfungsmythen

a) Mythen der primitiven kosmologischen Orientierung: Unterscheidung von oben und unten durch die Senkrechte

Die ältesten Mythen oder Teile derselben aus dem Paläolithikum (20000-8000 v. Chr.) nehmen erste kosmologische Ausrichtungen und Orientierungen vor, die rational nachvollziehbar sind. Den mythologischen Bildern werden die Richtungen von oben (Himmel) und unten (Erde) substituiert, eventuell wird außer der dualen Einteilung noch eine triadische mit der Unterwelt vorgenommen. Oben, das meint den Himmel, das einstige Paradies, in dem Menschen und Tiere friedlich zusammenlebten und durch das Symbol des Göttlichen, eines unbestimmt vorgestellten Himmelsgottes, repräsentiert wird. Getragen und gestützt wird der Himmel durch einen Berg oder aufrechten, hohen Baum oder Pfahl. Berge, Felsen, große Steine und Bäume galten als hieromorphe Erscheinungen, da sie als Mittlerfiguren zwischen Erde und Himmel fungierten. Berge wurden von Propheten aufgesucht und bestiegen wie im *Alten Testament* von Moses, der auf dem Sinai Gott begegnete und von ihm Befehle entgegennahm. Es waren überirdische Orte zwischen Erde und Himmel. Durch die Senkrechte, eine graphisch-geometrisch darstellbare, von oben nach unten gezogene Linie, war eine erste Orientierung gegeben.

Hieraus erklärt sich auch die Himmel- und Höhlenfahrt des Schamanen, des Mittlers zwischen Göttlichem und Menschlichem in der Steinzeit und zugleich des Heilers in der Jäger- und Sammlergesellschaft, der bei der Jagd auf Großwild und den damit verbundenen Gefahren Beistand leistete. Die Jagd auf Großwild, welches zur Ernährung der Gemeinschaft erforderlich war, ebenso wie der Schutz der eigenen Gesellschaft und der Kampf gegen Feinde bedeutete jedes Mal die Begegnung mit dem Tod, was dem Menschen Furcht einflößte und Beistand erforderte. Der Tod und die Angst vor ihm waren ständige Begleiter des Altsteinzeitmenschen. Der spirituelle Höhenflug des Schamanen setzt die Höllenfahrt in die Tiefe voraus. Um aufsteigen zu können, muss die Angst vor Gefahr und Tod überwunden sein. Das Unten, die Tiefe, Symbol des Todes und der Gefahren, muss passiert und bestanden sein, um zum Himmel und Heil aufsteigen zu können. Ein Schamane schildert seine Reise durch die Tiefen der Erde zum Himmel folgendermaßen:

> „Wenn Leute singen, tanze ich, ich gehe in die Erde ein, ich gehe an einer Stelle ein ganz wie eine Stelle, wo Menschen Wasser

> trinken. Ich fahre lange sehr weit [...]. Wenn ich herauskomme, steige ich bereits. Ich steige Fäden hinauf, die Fäden, die da drüben im Süden liegen [...], und wenn du dort anlangst, wo Gott ist, machst du dich klein [...]. Du tust, was du dort zu tun hast, dann kehrst du dorthin zurück, wo alle sind [...].“[137]

Mit dem Aufstieg von unten nach oben hängen auch die Initiationsriten der Adoleszenten zusammen. Damit der Jugendliche in die Gesellschaft der Erwachsen aufgenommen werden kann und sich verhalten kann wie sie, nämlich als Kämpfer und Jäger unerschrocken für die Gemeinschaft einzustehen, müssen gewisse Praktiken durchlaufen und bestanden sein. Die Initiation wird oft symbolisch als zweite Geburt aufgefasst und bildlich dargestellt als Passage durch einen engen Geburtskanal, um an das Licht, die obere Welt, zu gelangen. Auch dieses Symbol drückt die Richtung von unten nach oben aus, aus dem Dunkel der Nacht in das Licht des Tages, aus der Höhle in die Oberwelt.[138] Da sich das Bestehen von Gefahren und Tod und damit verbundener Angst im Leben wiederholt, vollzieht der Mensch, wenn er diese Prozeduren übersteht, einen Aufstieg, der mit einer ständigen Reifung und Erweiterung der Weit- und Umsicht verbunden ist. Mythologisch ausgedrückt: Er erklimmt immer höhere Stufen auf der Himmelsleiter, was sich wiederum graphisch und geometrisch darstellen lässt.

b) Mythen der Stufenleiter und des Aufstiegs

Wie sich schon in den Initiationsmythen ein Aufstieg über Stufen ankündigte, insofern der Mensch in seinem Leben nicht nur eine Initiation durchmacht, sondern immer wieder Gefahren zu bestehen hat, so drücken auch die Meerfahrtmythen, die von der Beherrschung von Stürmen und Unwettern während einer Überfahrt berichten, metaphorisch die Beherrschung der Imponderabilien und Schicksalsschläge des Menschen während seines Lebens aus. In der Beherrschung und Überwindung des Ungemachs steigert der Mensch seine Fähigkeiten und Kräfte, so dass er jeweils eine neue Stufe erreicht. Er erklimmt immer höhere Grade, was sich durchaus rational fassen und darstellen lässt. Die Möglichkeit der Übertragung solcher Geschehnisse auf architektonische Formen wie die Treppe oder Stufenleiter dokumentiert die Rationalisierbarkeit des Geschehens.

137 Joseph Campbell und Bill Moyers: *The Power of Myth*, New York 1988, S. 87, deutsch *Die Kraft der Mythen*, Zürich 1989, S. 96.

138 Säkularisiert kehrt es so noch in Platons Höhlengleichnis wieder.

(2.) Mythen des Kreislaufs

Eine weitere markante Struktur von Mythen ist die des Kreislaufs oder der Zirkularität, auf die, mit Friedrich Nietzsche zu sprechen, die ewige Wiederkehr des Gleichen abgebildet werden kann. Sie liegt vor in den antiken griechischen und vorderasiatischen Naturmythen wie dem von Narziss, Adonis und Hyazinth. Diese sind Ausdruck des Stirb und Werde in der Natur, des ewigen Kreislaufs von Entstehen und Vergehen, Wachsen und Untergang. Der Narziss-Mythos berichtet, wie ein schöner Jüngling eines Tages, als er im klaren Wasser einer Quelle sein Spiegelbild erblickt, sich unsterblich in dasselbe verliebt und beim vergeblichen Versuch, es zu erreichen, in Trauer verfällt und stirbt. Aus ihm geht eine weiße, stark duftende Narzisse hervor, wie es sie in Griechenland im Frühling in großen Mengen gibt. Das griechische Wort νάρκειν bedeutet ‚betäuben', was mit den stark duftenden Narzissenblüten in Verbindung gebracht wird und auf die Anziehungskraft und Betäubung des schönen Spiegelbildes weist. Während die tiefenpsychologische Deutung Sigmund Freuds die Selbstliebe des Jünglings für eine krankhafte Form der Liebe hält, die in den Suizid führt, geht meine Auslegung in eine andere Richtung: Sie ordnet den Mythos dem naturhaften Prozess des Stirb und Werde zu. Die Liebe des Jünglings zu seinem Spiegelbild, einem Scheinbild, dem Anderen seiner selbst, das auf die Seite des Todes gehört, führt die Nichtigkeit dieser Beziehung vor Augen und die Reflexion auf diesen Prozess auf die Wiederkehr des Lebens.

Auch der Adonis-Mythos arbeitet mit einem schönen Jüngling, den sich die Liebes- und Schönheitsgöttin Aphrodite zum Liebling erkor. Einen Teil des Jahres verbringt er mit ihr, einen anderen mit der Unterweltgöttin Persephone und einen dritten verbringt er für sich. Der eifersüchtige Kriegsgott Ares, der sich in einen wütenden Stier verwandelt, tötet Adonis. Aus seinen Blutstropfen gehen im Frühjahr die Adonisröschen, die Anemonen, mit einem Hauch rötlicher Farbe hervor.

In dieselbe Gattung gehört der Hyazinth-Mythos, der von einem ebenfalls schönen Jüngling berichtet, in den sich der Gott Apoll verliebt und mit dem er auf der Jagd Berg und Tal durchstreift. Hierbei geschieht es eines Tages, dass das von Apoll geschleuderte Wurfgeschoss, dem Hyazinth nachläuft, um es aufzuheben, von einem Stein an die Stirn des Jünglings prallt und ihn tötet. Nach einer anderen Version trägt der neidische Windgott Zephyros die Schuld am Tod des schönen Jünglings, dadurch dass er den beim sportlichen Wettkampf von Apoll geschleuderten Diskus an den Kopf des Jünglings lenkt, der ihn tötet. Aus dem Blut des Jünglings geht die Hyazinthpflanze hervor, die ebenfalls einen berauschenden, anziehenden Duft verströmt.

Der Mythos von Demeter und ihrer Tochter Persephone fasst diese einzelnen Blumenmythen zusammen. Demeter ist die Herrin des Getreides und der Feldfrüchte, also die Herrin der Fruchtbarkeit und des Lebens, und gleichzeitig die Herrin über den Tod. Hades, der Herrscher der Unterwelt, raubt ihre Tochter Persephone (Symbol der Früchte), worüber die Mutter in Wut und Zorn gerät und mit dem Ausfall der Ernte und dem Hungertod der Menschen droht. Auch der von Zeus Gesandte Hermes kann die Situation nicht retten, da Persephone bereits Granatäpfelkerne gegessen hat, die sie für einige Zeit an die Unterwelt binden. Sie muss vier Monate in der Unterwelt mit Hades verbringen, bis sie in die Oberwelt zu ihrer Mutter zurückkehren kann und Demeter den Bann löst und der Erde ihre Fertilität zurückgibt.

Auch hier handelt es sich nicht um eine schlichte Natur- und Vegetationsallegorie, d.h. eine Personifikation von Naturereignissen, sondern um den Mythos des Stirb und Werde, des ewigen Kreislaufs von Vergehen und Wiedererwachen, der auch kultisch in den eleusinischen Mysterien vollzogen wurde und den Durchgang durch Tod und Entbehrung, durch das Negative, bedeutete, um zum positiven Leben und zur Fruchtbarkeit zurückzukehren. Leben und Tod sind unausweichlich aneinandergebunden und bilden ein Kreislaufgeschehen, dessen Struktur anhand der Kreislinie rational fassbar ist.

Die Zyklik zu einem Symbol von Leben und Tod gemacht zu haben, ist das Verdienst des Hinduismus. Er kennt keine Weltentstehung und keinen Weltuntergang, sondern nur eine unendliche, anfangs- und endlose Wiederkehr desselben, ein in sich kreisendes Geschehen in Trillionen von Menschenjahren. Für ihn gibt es kein Davor und kein Danach, kein erstmaliges Entstehen und kein definitives Vergehen, sondern nur ein ewiges, in sich kreisendes Geschehen.

Auch der Buddhismus lehrt den Gedanken der ewigen Wiederkehr desselben, in den der Mensch eingebunden ist und aus dem zu entkommen sein höchstes Ziel darstellt. Hier mischt sich mit dem rein ontologischen Gedanken des zyklischen Seins der ethische von Schuld und Sühne. Da der Mensch nach buddhistischer Ansicht in seinem Leben Verdienst wie Schuld auf sich lädt, die im nächsten Leben wieder vergolten werden, muss sein höchstes Ziel das Entkommen aus diesem Kreislauf der Wiedergeburten durch den Eintritt ins Nirvana sein, das nur Erleuchteten gewährt wird.

(3.) Schöpfungsmythen von der Welt- und Menschenerschaffung

Kosmogonische bzw. kosmologische Mythen mit dem Thema der Welt- und Menschenerschaffung sowie der Erschaffung der kosmischen und der irdischen Ordnung bedienen sich zumeist folgender Strukturen: *erstens* in Analogie zur natürlichen sexuellen Vereinigung des Begriffs der Verbindung von Elementen, *zweitens* in Analogie zum konkreten Zerschneidungs- und Zerlegungsvorgang des Begriffs der Teilung, *drittens* in Analogie zum handwerklichen Prozess der Gestaltung eines amorphen Materials des Begriffs der technomorphen Formung.

a) Mythen der Verbindung (Vereinigung)

Auf den Grabwänden und -decken altägyptischer Gräber sowie auf Papyri finden sich häufig Szenen der Liebesvereinigung. So beugt sich Nut, die Göttin des Himmels, über ihren Bruder und Gemahl, den Erdgott Geb, und berührt mit ihren Füßen und Händen Anfang und Ende der Erde. Oft wandert durch ihren Leib die Sonne, die bei Tagesanbruch wieder erscheint aus dem Dunkel ihres Leibes, denn jeden Abend verschluckt Nut die Sonne, um sie am nächsten Morgen erneut zu gebären. Das Bild zeigt nicht nur die Vereinigung von Himmel und Erde, sondern auch die kosmische Ordnung von Tag und Nacht.

Einen Kult des rituellen Vollzugs der Hierogamie gab es sowohl im Zweistromland zur Neujahrsfeier zu Ehren der Göttin Innana wie in Israel im Tempel zu Jerusalem zu Ehren der Göttin Aschera, der Fruchtbarkeitsgöttin der Kanaaniter, der bis ins 6. Jahrhundert v. Chr. hinein praktiziert wurde, sehr zum Unmut der Propheten Hosea (*Hosea* 4.11-19) und Ezekiel (*Ezekiel* 8.2-18).[139]

Wie alle natürlichen und profanen Vorgänge für den mythisch lebenden Menschen sakrale Akte sind, so werden sie auch hier zur Erklärung kosmischer Vorgänge genutzt. Ihre bildhafte Darstellung und der Verweis auf die Verbindungsstruktur ist hier so drastisch, dass es nicht schwerfällt, dem Bild eine rational einsichtige Form zu substituieren.

b) Mythen der Trennung und Spezifizierung

Häufiger noch sind die Mythen, die die Erschaffung der Welt durch Teilung und Trennung erklären.

Ein Beispiel hierfür bietet der Mythos der Maori von Neuseeland.[140] Hiernach liegen der Urvater Ranginui und die Urmutter Papatūānuku in so

139 Vgl. auch 2. *Könige* 23,4-7.

140 Vgl. Bruce Grandison Biggs: *Maori Myths and Traditions*, in: Alexander HareMcLintock (Hrsg.): *An Encyclopaedia of New Zealand*, Wellington 1966, S. 447-454, auch online https://teara.govt.nz/en/1966/maori-myths-and-traditions; George Grey: *Polynesian Mythology, and ancient traditional history of the New Zealand race, as furnished by their priests and chiefs*, London 1855; Margaret Orbell: *A Concise Encyclopedia of Māori Myth and Legend*, Canterbury University Press, Christchurch 1998.

enger Liebesvereinigung beieinander und zeugen Kinder – nur männliche –, dass diese kein Licht zu Gesicht bekommen und nur im Dunkeln heranwachsen. Dies missfällt ihnen, und sie sinnen darauf, diesen Zustand zu ändern. Jedoch entsteht zwischen ihnen ein Streit (Trennung), da der eine, der gewalttätige Bruder Tūmatauenga, die Eltern töten will, die anderen die Eltern lediglich auseinanderschieben wollen. Dies gelingt nicht mit den Händen, sondern erst mit den Füßen, so dass die Eltern überrascht und entsetzt aufschreien (Trennung). Wegen des Streits verbündet sich Tāwhirimātea, der Gott der Winde und Wolken, mit seinem Vater, dem Himmel (Vereinigung), seine Kinder sind die verschiedenen Winde und Stürme wie Windböen, Wirbelstürme, Hurrikans sowie die diversen Wolkenarten, Gewitterwolken, Cumulus-Wolken, Nebel und Dunst. Die Kinder der Ureltern, die verschiedene Naturgottheiten repräsentieren, wie Ozean, Wälder, Nahrungsquellen, streiten weiter (Trennung) und attackieren sich gegenseitig, wie der Windgott Tāwhirimātea, der den Ozean aufpeitscht und den Meergott Tangaroa fliehen lässt (Trennung). Nur Tū, die Menschheit, lässt sich nicht besiegen. Die Sehnsucht der Eltern Rangi und Papa nach Wiedervereinigung bleibt bestehen und dokumentiert sich darin, dass Rangis Tränen als Regentropfen zur Erde fallen und diese benetzen und umgekehrt die Erhebung von Bergen – gemeint sein dürften Vulkanausbrüche und Erhebungen – die Sehnsucht Papas, der Erde, gen Himmel andeuten (Vereinigung). Naturvorgänge werden hier herangezogen zur Umhüllung von Strukturen. Dass in allen diesen Vorgängen die Strukturen von Verbindung und Trennung dominieren, ist allgegenwärtig. In Erscheinung tritt die eine in der Vereinigung des Urelternpaares und in ihrer Sehnsucht zueinander nach der Trennung, desgleichen in der Verbindung des Sohnes Tāwhirimātea mit seinem Himmelsvater, die letztere in der Entzweiung der Eltern ebenso wie im Streit der Kinder. Verbindung und Trennung sind rationale, erkennbare Strukturen, die das mythische Denken bestimmen, so dass man eigentlich statt von Kosmogonie auch von Kosmologie sprechen könnte. Verglichen mit unseren heutigen modernen Kosmologien wie der Urknalltheorie sind sie nicht mythologischer und irrationaler als diese und diese nicht rationaler als jene, denn auch die Urknalltheorie ist eine Hypothese, der sich andere Hypothesen konfrontieren lassen wie die Pulsationstheorie des Alls, wie sie Carl Friedrich von Weizsäcker[141] in seinem Buch *Aufbau der Physik* erwogen hat.

Wie sich in dem vorangehenden Mythos neben dem Vereinigungsmotiv das der Trennung zeigte, so gewinnt das letztere in etlichen Mythen die

141 Carl Friedrich von Weizsäcker: *Aufbau der Physik*, München 1985, S. 160. Auch die Pulsationsthese ist ein zeitgenössischer Mythos.

Oberhand, insbesondere bei der Entstehung der Welt und der geographischen Gegenden und sozialen Klassen, die allesamt auf Spaltung basieren.

Eines der ältesten Beispiele ist das *Enuma eliš* der Sumerer, das mit den Worten beginnt:

> „Als droben der Himmel (noch) nicht genannt wurde, unten die Erde nicht mit Namen genannt wurde, Apsu, der erste [Schöpfer], ihr (scil. der Götter) Erzeuger [,] (und) Schöpferin Tiamat, die sie alle (scil. die Götter) gebar, hatten ihre Wasser[142] zusammengemischt […], da wurden (die) Götter in ihrem (scil. der Wasser von Apsu und Tiamat) Inneren erzeugt, Lachmu (und) Lachamu,[143] […] Anschar (und) Kischar,[144] Anu (und) Nudimmud."[145]

Die Kinder stören mit ihrem Lärm die Eltern so sehr, dass der Vater Apsu beschließt, sie zu vernichten. Sie kommen ihm jedoch zuvor und töten ihn. Tiamat, die sich mit Dämonen umgibt, wird zum Ungeheuer degradiert, das ebenfalls getötet wird. Entscheidend ist die Schilderung ihrer Teilung durch den Gott Marduk, der von den Geschwistern zum König und Herrscher erhoben wird: Er zerlegt Tiamat[146] wie einen Fisch in zwei Hälften (Teilung), von denen die obere das Firmament, den Himmel, bildet, die untere die Erde. Dann stellt er Stützen auf, die Dach und Boden nach Art der Konstruktion eines Hauses bzw. Palastes zusammenhalten, so wie sie oft in Asien und in der Südsee verwendet werden. Tiamats Körperteile benutzt er zur Konstruktion und Organisation des Ganzen, wobei auffällig ist, dass die Lokalisation, die Verortung der Teile, sowie die Struktur der Abfolge das Wichtigste ist. Der Bauch wird als Zentrum der Welt lokalisiert: Im Mondzyklus, der in alten Kulturen für die Zeitbestimmung wichtiger war als der Sonnenumlauf, werden mit der Abfolge von Mondsichel – den Hörnern –, Vollmond und Neumond die Monate festgelegt, erst dann folgen die Materialisationen: Aus der Brust gehen die Berge hervor, aus dem Speichel die Gewässer, aus den Tränen der beiden Augen Euphrat und Tigris; der umgebogene Schwanz wird zur Befestigung benutzt usw.

142 Apsu und Tiamat = Salz- und Süßwasser.

143 Lachmut und Lachamu = Schlick, eine Misvchung aus Wasser und Erde.

144 Anschar und Krischar = Horizont des Himmels und des Meeres.

145 *Enuma eliš*, http://www.mneuhold.at/biblica/enuma_elisch.html. S. 2 und 3.

146 Nach einigen Interpretationen wird Tiamat oder Tebom für die Urschlange gehalten, die im Schöpfungsbericht des *Alten Testaments* verballhornt als Tohuwabohu (Chaos) auftritt und beim Sündenfall noch zusätzlich dämonisiert wird. Vgl. Carl-Friedrich Geyer: *Mythos*. Formen – Beispiele – Deutungen, München 1996, S. 51 f.

Der hier vorherrschende Gedanke der Trennung und Differenzierung kehrt im alttestamentlichen Mythos von der Weltschöpfung (*Genesis* 1) wieder, denn auch hier schafft Gott durch Trennung des Urchaos (Tohuwabohu) Licht und Finsternis, Himmel und Erde. Abgesehen davon begegnen auch andere kosmologische Vorstellungen wieder wie der Himmel als Firmament (= Feste), welcher das Regenwasser trägt und nur gelegentlich auf die Erde fallen lässt und dieses vom Meerwasser auf der Erde unterscheidet.

Man streitet in der Wissenschaft darüber, wie sich *Enuma eliš* und alttestamentlicher Schöpfungsbericht zueinander verhalten, wobei drei Thesen diskutiert werden, *erstens* die totale Unabhängigkeit beider voneinander, *zweitens* die These, dass der biblische Bericht Plagiat des sumerischen Berichtes sei, und *drittens*, dass sie eine Reihe von Gemeinsamkeiten aufweisen, aber nicht durchgängig.[147] Da die Entscheidung hierüber nicht unser primäres Anliegen ist, sei nur darauf hingewiesen, dass im *Enuma eliš* das astronomische Interesse der Sumerer in der genauen Beschreibung der Mondzyklen zum Ausdruck kommt, während das *Alte Testament* eher an der Erschaffung der Erde mit Pflanzen, Tieren und Menschen interessiert ist.

Das Motiv der Tötung eines Urdämons, der Schlange, durch einen Gott gehört auch in den indischen Mythenkontext und hat dort wie anderswo kosmische Bedeutung. Die Schlange Vritra bedeutet die ‚Bedeckende' und bezeichnet die Versperrung, die Verhinderung des Fließens, welches zum Leben unerlässlich ist. Sie lagert auf einem Berg und versperrt den umliegenden Gewässern ihren Weg. Durch Tötung und Zerstückelung erlöst Indra die Welt von der Totenstarre und bringt nach einigen Texten die Dinge der Welt aus den Schlangenteilen hervor. Er wird auch ‚Vritrahan', ‚Schlangentöter' genannt und zugleich Welterschaffer.[148]

Nicht von der Teilung einer Schlange, sondern von der eines Riesenmenschen namens Purusha ist die Rede im 10. Buch des *Rigveda*. Purusha opfert sich selbst und teilt sich, wobei aus den Teilen die sozialen Kasten des indischen Sozialsystems hervorgehen: Aus dem Kopf, dem wichtigsten Teil, entsteht die Klasse der Brahmanen, aus den Armen die Klasse der Kshatriya, aus den Schenkeln die Klasse der Vaishya und aus den Füßen die der Shudra.

Auch die ägyptische Mythologie kennt das Prinzip der Teilung und Wiedervereinigung, das hier an einem einzigen Gott vollzogen wird. Osiris wird durch seinen bösen Bruder Seth getötet und geteilt und von seiner Schwester und Gemahlin Isis wieder zusammengesetzt und zum Leben erweckt,

147 Hierzu vgl. die Untersuchungen in *Metareligion*: *Genesis and Enuma elish creation myth comparisons* (https://www.meta-religion.com/World_Religions/Ancient_religions/Mesopotamia/genesis_and_enuma_elish_creation.htm) und *A Christian Thinktank*: Good question – is Genesis merely a rip-off of other ANE lit? (https://www.christian-thinktank.com/gilgymess.html).

148 Vgl. Monika und Udo Tworuschka: *Als die Welt entstand*...Schöpfungsmythen der Völker und Kulturen in Wort und Bild, Freiburg, Basel, Wien 2005, S. 62 f.

so dass auch hier die Teilung der Einheit in die Vielheit und die Wiedervereinigung der Vielheit zur Einheit die Kosmologie beherrschen. Wenn bei der jährlichen Ernte beim Schneiden und Dreschen des Getreides auch mythologisch und rituell Osiris' Körper zerstückelt und an die verschiedensten Orte Ägyptens wie Saatgut verteilt wurde, dann ist klar, dass auch hier eine untrennbare Einheit von Fruchtbarkeit und Vernichtung vorliegt, so dass Osiris gleicherweise Symbol für die Einheit beider ist, dem rational die Strukturen der Vereinigung einer Vielheit und der Trennung der Einheit in die Vielfalt zugrunde liegen.

Ebenfalls begegnet das Prinzip der Teilung und Trennung in den nordischen Mythen. Hier ist es der Urriese Ymir, der geteilt wird. Von der in verschiedenen Versionen vorliegenden *Edda*-Dichtung aus dem Mittelalter berichtet die eine Version, dass am Anfang Nichts war. Damals lebte der Urriese Ymir, aus dessen Achselschweiß Mann und Frau entstanden und aus dessen Füßen das Geschlecht der Riesen hervorging. Nach einer anderen Fassung des *Edda*-Liedes schufen die Götter, u.a. der Hauptgott Odin, aus dem Riesen durch Teilung die Welt, und zwar aus dem Blut das Meer, aus den Knochen die Berge, aus dem Fleisch die Erde und aus der Haut den Himmel. Wie immer die Teilung und Differenzierung im einzelnen aussehen mag, entscheidend ist das Prinzip der Teilung und damit die Herrschaft einer rationalen Struktur beim Aufbau des Ganzen.

Die Funktion der Trennung und Spezifikation kann auch ein Ei übernehmen, wie das Goldene Ei in der finnischen Sage von Ilmatar, dem weiblichen Luftgeist,[149] der aus dem Innern des Eis die Erde hervorgehen lässt, aus dem Eigelb die Sonne und aus dem Eiweiß den Mond, die Sterne und Wolken.

Dass auch dem fernöstlichen Denken das Prinzip der Trennung und Differenzierung nicht fern liegt, dokumentiert der chinesische Schöpfungsmythos. Hier geht aus dem Urei das kosmische Gegensatzprinzip Yin und Yang hervor, nach dem im Folgenden alle Gegensätze geologischer, klimatischer, jahreszeitlicher, metallurgischer, chromatischer Art usw. bestimmt werden. Nicht nur Trennung überhaupt, sondern die Trennung in Gegensätze ist für das ostasiatische Denken typisch. Und auch hier gibt es einen Riesen namens Pangu, aus dessen Selbstopferung sich die unterschiedlichen Dinge der Welt erklären. Aus seinem Atem geht der Wind hervor, aus seiner Stimme der Donner, aus seinem linken Auge die Sonne, aus dem rechten der Mond. Aus seinem Leib entstehen Gebirge, aus seinem Blut Flüsse. Sehnen und Knochen werden zu Metall, das Haar zu Pflanzen und der Speichel zum Regen. Samen und Knochenmark ergeben Perlen und Jade. Aus seinem Ungeziefer am Körper entstanden die Menschen.

149 Finnisch *ilma* = Luft.

Gegenüber diesem noch recht primitiven bildhaften Mythos ist der Taoismus, die philosophisch religiöse Lehre des Fernen Ostens, wie sie von Laotse im *Tao te king*, dem *Buche vom Weltgesetz und seinem Wirken* (zwischen dem 7. und 3. Jahrhundert v. Chr.), ausgeführt wurde, höchst abstrakt und rational. Dies gilt vor allem für das Symbol des Tai chi, das eine figürliche Darstellung des Hervorgangs der Vielheit der Welt aus einer Einheit und des Rückgangs der Vielheit in diese ist. Das Zentrum besteht aus einem verschlungenen Zeichen, des Yin und Yang, die sich schon durch ihre Form und Farbgebung als Gegensätze erweisen wie auch durch eine Verdickung unten und Verdünnung oben sowie durch die Farbe weiß und schwarz und jeweils einen gegensätzlichen Punkt im Innern als Verweis auf das andere. Wie sie auseinander hervorgehen und ineinander zurückgehen, so gehen sie auch in einen Kreis über und kehren aus diesem zurück. Umgeben ist der Kreis von einem Tetragramm aus langen, durchgehenden Strichen und kurzen, unterbrochenen, die jeweils das Maskuline und Feminine präsentieren und aus denen sich in der weiteren Folge alle Gegensätze der Welt erklären. Yin und Yang, ursprünglich die dunkle, schattige, feuchte Nordseite eines Hügels und die helle, sonnenreiche Südseite, bestimmen als polare Kräfte alle Opposita der Welt, ob geographische, geologische, klimatische, farbliche usw.[150]

Ein nicht minder hervorragendes Symbol der Verbindung und Trennung ist die künstlerische Darstellung des indischen Shiva Nataraja, der Schöpfer- und Vernichtergott in einem ist und der ebenso, wie er aus einem Feuer- und Flammenkranz hervorgeht, wieder in diesen zurückgeht.

c) Mythen von der Erschaffung der irdischen Ordnung

Beispiele hierfür liefern die altorientalischen und altägyptischen Königsmythen. Sie sind Gründungsmythen, die nicht nur auf eine Setzung des Daseins, sondern des So-Seins, nicht nur auf ein ‚daß', sondern auf ein ‚wie' abzielen und damit den Gesichtspunkt der Ordnung in den Vordergrund stellen.

In den ägyptischen Königsmythen vereint sich der Gott Amun (oder Re) mit einer irdischen jungfräulichen Königin, die einen Thronfolger gebiert und ihn ‚eingeboren' nennt. Als Verbindung zwischen Gott und Mensch ist er der Gottkönig und wird entsprechend verehrt.[151] Damit wird zum Ausdruck gebracht, dass die irdische Ordnung von Göttern abstammt, heilig und unveränderlich ist.

150 Vgl. Karen Gloy: *Das Projekt interkultureller Philosophie aus interkultureller Sicht*, Würzburg 2022, S. 156 ff.

151 Eine Parallele dazu gibt es im *Alten Testament* (*Psalm* 110), wo David den Titel ‚Sohn Gottes' erhält, oder im *Neuen Testament*, in dem Jesus als ‚Gottessohn' bezeichnet wird.

Dem ägyptischen Pharao als Gottessohn bzw. Gottkönig kam bei der Inthronisation und bei jedem Neujahrsfest zu, die Reichsgründung mit ihrer hierarchischen Ordnung und Gliederung nach König und Volk neu zu vollziehen, sowie die Aufgabe, für das Wohl der Götter im Opferkult und Ritual wie auch für das Wohl des Volkes bezüglich Ernährung, Rechtsprechung, Grenzsicherung oder Landeserweiterung zu sorgen, was nur ein starker Pharao leisten konnte, kein schwacher. Bei Schwäche verfiel das Reich samt der Religion, was nicht selten zur Löschung des Namens des Pharaos in den Annalen führte.

Politisch wurde diese Rolle des von Gott eingesetzten Herrschers weitergeführt und bestimmt bis heute in England die Auffassung des Königtums.

(4.) Schöpfungsmythen handwerklicher Art

Das dritte Prinzip der Weltentstehung, das der Formung und Gestaltung, ist uns aus der ägyptischen Mythologie bekannt, wo der Gott Chnum den Menschen auf einer Töpferscheibe aus einem amorphen Ton formt, so wie der reale Töpfer auf der Töpferscheibe Tongefäße gestaltet. Hier ist es die explizite Formung eines amorphen Materials, das zu bestimmten Wesen führt. Dieser Grundgedanke liegt auch vor, wenn es im *Alten Testament* heißt: „Gott sprach und es ward". Hier ist an die Formung des formlosen Hauchs, des Atems, zu einem bestimmten Wort bzw. Begriff gedacht, das die Dinge erst zu dem macht, was sie sind.

Auch der zweite Schöpfungsbericht des *Alten Testaments* (*Genesis* 2, 21 f.), nach dem Gott aus einer Rippe Adams seine Frau Eva formte, operiert mit dem Gedanken der Gestaltung. Zwar liegt hier schon ein geformtes Material vor, das aber noch relativ unbestimmt ist, so dass man sich gut vorstellen kann, wie Gott ähnlich dem Schnitzer aus einem Stück Holz aus der Rippe eine Figur schnitzte. Der Gedanke der Formung könnte nicht stärker akzentuiert sein als hier und weist damit auf das rationale Moment in den Weltschöpfungsmythen hin.

Die islamische Mythologie übernimmt viele Elemente der hebräischen, so auch, dass Gott alle Lebewesen aus Lehm, Erde, Sand und Wasser geformt habe und so schließlich auch Adam, den ersten Menschen, dem er Leben einhaucht.

Mit der Formung der Welt und des Menschen steht der Gedanke der Strukturierung im Vordergrund, der es erlaubt, a priori eine bestimmt erkennbare und begreifbare Struktur zugrunde zu legen.

(5.) Eschatologische Mythen (Mythen des Untergangs)

Wie es kosmogonisch-kosmologische Mythen gibt, so gibt es auch eschatologische, die von einem Weltuntergang berichten, sei es durch eine Sintflut oder Feuerbrunst, und dazu die rationale Vorstellung einer totalen oder partialen Auslöschung (Vernichtung) heranziehen. So wie der Übergang von Nichts zu Sein eine rationale Struktur darstellt, so umgekehrt der Übergang von Sein zu Nichts. Auch diese Übergänge und ihre Enden sind auf eine räumliche Linie, ihren Anfang und ihr Ende, projizierbar und auf diese Weise graphisch-geometrisch darstellbar.

a) Mythen absoluter Vernichtung und Auslöschung

Bevor Untergangsmythen einsetzen können und Sinn machen, müssen die Menschen sich erst einmal auf der Erde etabliert haben, bis sich Gründe finden, sie auch wieder zu eliminieren. Einer dieser Gründe findet sich in der Erfindung des Städtebaus, der um ca. 4000 v. Chr. in Mesopotamien, Indien, Ägypten und China einsetzte, später auch in Mittel- und Südamerika. Zumal mit ihm eine entsprechende technische Entwicklung einherging, handelte es sich hier um eine kulturelle und zivilisatorische Entwicklung revolutionären Ausmaßes. Menschen gaben mehr und mehr das freie, ungebundene, gemächliche Landleben und die Naturverbundenheit auf und zogen in ummauerte, geschützte Städte, wo sie allerdings dicht gedrängt aufeinander lebten. Die Enge und Dichte der Bevölkerung, die Kontaktnähe des urbanen Lebens, die schnelle Austauschbarkeit von Meinungen und Erfindungen forcierte die Arbeitsteilung und Differenzierung der Tätigkeiten und Berufe. An die Stelle primitiver Geräte für das alltägliche Leben, die Landwirtschaft und Viehzucht trat eine Vielzahl von technischen Errungenschaften, die in dem mesopotamischen Gott Enki, dem Gott des Wissens, ihren Ausdruck fanden: Enki war Schutzpatron für Schmiede, Maurer, Töpfer, Bewässerungstechniker, Gerber, Barbiere, Ärzte; auch für Künste wie Musik, Flöten-und Zitherspiel stand er ein, ebenso für die Erfindung der Schrift und Schreibkunst sowie für die Kaste der Schreiber. Mit der zunehmenden Differenzierung ging die Notwendigkeit einer strengeren politisch-sozialen Ordnung einher, die einen Herrscher erforderlich machte, dessen Aufgabe in der steten Aufrechterhaltung der Ordnung bzw. ihrer Wiederherstellung bestand, also im ständigen Kampf gegen Chaos und Feinde.[152] Wie schnell die Ordnung zusammenbricht und Plünderungen und Raubzüge einsetzen aus schierer Not und dem Drang nach Überleben, zeigen Kriege.

152 So lautete insbesondere in Ägypten die Formel.

In der Urbanisierung lebte sich der Geist des Menschen aus und demonstrierte seine angebliche Unabhängigkeit und Macht gegenüber der Natur, was nicht selten zu Hybris führte, gottgleich zu sein oder zu werden. Der Bau der Zikkurat in Mesopotamien, die den in den Himmel ragenden Berg und damit die Gottebenbildlichkeit demonstrieren sollte, war Ausdruck dieses Gefühls.

Die Blüte der Städte erweckte nicht nur Bewunderung, sondern auch den Neid der Nachbarn, so dass es vermehrt zu Überfällen und Kriegen, zu Feindseligkeiten und Plündereien kam, die sich hier nicht gegen die Natur richteten, sondern gegen die Menschen selbst.

Wie es bei allen gravierenden Innovationen und revolutionären Umtrieben bis in die Gegenwart hinein Befürworter und Vertreter des Neuen wie auch Skeptiker und Gegner gibt, die das Neue ablehnen, so auch damals, so dass es zu einer massiven Kritik kam, die sich in entsprechenden negativen Mythen niederschlug. So sehr die Stadtkultur und Zivilisation bewundert wurde, die großen Umfassungsmauern,[153] die Tempel, Paläste und die neuen Unterhaltungen, die das Götterleben imitieren sollten, so sehr war man sich der Fragilität der Menschenwelt und ihrer Geschöpfe bewusst. Diese innere Ablehnung äußerte sich in Vernichtungsmythen wie denen der Sintflut in Mesopotamien und im *Alten Testament* bei den Hebräern, in denen die Strafe für die menschliche Hybris ausgeführt wurde. Dass in diesen Mythen gerade auf die Flut und ihre Vernichtungskraft gesetzt wurde, dürfte damit zusammenhängen, dass es in Mesopotamien häufig zu Überschwemmungen und Vernichtung der Ernte durch Euphrat und Tigris kam. In der sumerischen Flutdichtung *Atrahasis* wird die totale Vernichtung der Menschheit geschildert mit Ausnahme eines einzigen Menschen, des weisen Atrahasis, der entkommt wie im *Alten Testament* Noah mit je einem Paar von Tieren oder im *Gilgamesch*-Epos Uta-napischti, der einzig Überlebende. Die Überflutung des Landes ist ein Bild für die totale Auslöschung des Lebens und aller seiner Strukturen.

b) Mythen der Zerstörung und Zersplitterung

Eine zweite Form der Vernichtung begegnet in der Geschichte vom Turmbau zu Babel, dem Symbol menschlicher Macht und Größe, aber auch menschlichen Größenwahns, heißt es doch von den dort Lebenden: „Wohlauf, laßt uns eine Stadt und einen Turm bauen, dessen Spitze bis an den Himmel reiche, daß wir uns einen Namen machen!" (1. *Moses* 11,4). Aus Zorn darüber

153 Siehe die Bewunderung der Festungsmauern von Uruk im *Gilgemesch*-Epos am Anfang und Ende des Gedichts.

verstreute Gott das bis dahin einheitliche Volk, das eine einzige einheitliche Sprache sprach. 1. *Mose* 11,7 f. berichtet von Gott: „Wohlauf, lasset uns hernieder fahren und ihre Sprache daselbst verwirren, daß keiner des anderen Sprache verstehe." „Also zerstreute sie der Herr von dort in alle Länder, dass sie mußten aufhören, die Stadt zu bauen." Dieses Zerstreuen und Zersplittern ist Ausdruck der Zerschlagung und Auflösung aller Synthesen, so dass nur noch isolierte Elemente bleiben, bar jedes Zusammenhangs. Die Elemente selbst werden nicht vernichtet, sondern nur ihre Zusammensetzung, was jedoch einer Auflösung der Gestaltung gleichkommt, so dass nur noch das Materielle ohne Struktur bleibt.

Diese Art der Vernichtung wird auch in Anspruch genommen, wenn bei Empedokles von der Entstehung von Welten sowie ihrem Untergang und der Wiedererstehung neuer Welten die Rede ist. Nur das Material bleibt, während die Strukturen der Zusammensetzung untergehen und verändert neu entstehen.

Fassen wir zusammen, so besteht das Ergebnis unserer Erörterungen darin, dass mythologische Erzählungen, so farbig und schillernd sie auf den ersten Blick erscheinen mögen, darin übereinkommen, dass sie bestimmten formalen Aufbaugesetzen und Organisationsprinzipien folgen, von denen wir hier nur einige wenige aufgedeckt haben: Gestaltung überhaupt ist das Grundanliegen, das, sei es in Linearität wie der senkrechten Ausrichtung von unten nach oben und umgekehrt oder in der Kreisstruktur oder in einer anderen Struktur zum Ausdruck kommt. Verbindung und Trennung sowie Differenzierung, Spezifikation, quantitative und qualitative Steigerung, Stufung sind ebenfalls formale Vorgänge, die bereits aus der aristotelischen Logik bekannt sind. Freilich handelt es sich hier um relativ einfache Strukturen, die durch eine detailliertere Analyse zu ergänzen und zu optimieren wären, da die Mythen hochkomplexe Systeme bilden. Die Analyse zeigt aber, dass mythologische Erzählungen formalen und damit rationalen und logisch einsichtigen Strukturen folgen, so dass man den Schluss ziehen darf, dass auch dem Konkreten eine Logik innewohnt, die „Logik des Konkreten".

Diese Überlegung lässt sich noch dadurch ergänzen, dass dort, wo die Freilegung solcher rationalen Architektonik nicht sofort gelingt, der Mythos selbst Naturphänomene und -prozesse heranzieht, wie es bei den Naturmythen des Stirb und Werde der Fall war. Von der Natur aber ist bekannt und wird von der Forschung immer mehr bestätigt, dass all ihre Phänomene und Prozesse auf mathematisch-geometrischen, rational erkennbaren Strukturen basieren. So beruht der Aufbau aufstrebender Bäume auf dem Y-Prinzip sowie dessen vielfacher Iteration auf diversen Skalen, bis sich das Bätterdach ergibt. Gleiches gilt von unserem Bronchialsystem, das die Gabelung unendlich oft wiederholt, bis in die kleinsten, subtilsten Spaltungen hinein, jedoch auf unterschiedlichen Skalen und mit unterschiedlicher Dicke des

Durchmessers der Luftröhren, ebenso beim Blutkreislauf, dem Nervensystem usw. Auch die Anordnung von Blütenblättern, Blättern und Fruchtständen, etwa bei der Sonnenblume oder beim Tannenzapfen, erfolgt nach einem geometrisch darstellbaren und damit logisch einsichtigen Spiralprinzip, so dass jedes Blütenblatt und jeder Sonnenblumenkern gegenüber seinem Nachbarn optimal zum Sonnenlicht ausgerichtet ist,[154] worüber die Fraktale Geometrie und noch mehr die KI uns belehren und tagtäglich neue Beispiele und Erkenntnisse beibringen. Die gesamte Natur folgt rationalen, mathematisch-geometrischen Prinzipien, was aber nicht den Ausschluss eines Kontingenzprinzips bedeutet.

Vor diesem Hintergrund wird auch verständlich, dass die Sprache, soweit sie innerhalb eines Volkes oder einer Kultur verstanden wird, bestimmten rational einsichtigen Aufbauregeln folgt, was auch für mythologische Erzählungen gilt, wie ich zumindest an den Grundstrukturen expliziert habe. Das Fazit unserer Analysen ist, dass Mythos und Logos sich nicht als Opposita gegenüberstehen, von denen nur das eine Glied rational und einsichtig ist, das andere durchgängig phantastisch, irrational und uneinsichtig, sondern dass sie unterschiedliche Grade der Komplexität rationaler Strukturen verkörpern, von denen die traditionelle aristotelische Logik, die uns im Allgemeinverständnis als ‚die Logik' gilt, gerade einmal die einfachste Komplexität aufweist, während Fraktale Geometrie und KI-Forschung ihrerseits hochkomplexe Strukturen freilegen und sich der Komplexität der Mythen annähern. Mythos und Logos stehen einander nicht kontradiktorisch gegenüber, vielmehr ist der Mythos wegen seiner hochkomplexen und ad hoc undurchschaubaren Strukturiertheit die verkappte Form des Logos. So wie Kunst einer unendlichen Interpretation fähig ist, ohne je an ein Ende zu gelangen, so ist auch der Mythos durch den Logos in infinitum interpretierbar.

154 Vgl. Karen Gloy: *Was ist Schönheit?* Würzburg 2022, S, 73 ff.

III. Teil: Vermittlung zwischen Mensch und Roboter?

1. Kapitel: Das Paradigma der abendländischen Kultur: Gottgleichheit

Jede Kultur und jede kulturelle Entwicklung hat ihr eigenes Paradigma, nach dem sie lebt, denkt und handelt. Für die abendländische, hebräisch-christlich geprägte Kultur steht dies seit frühesten Zeiten fest. Schon im *Alten Testament* wird berichtet, dass die ersten Menschen, Adam und Eva, und diese stellvertretend für alle nachfolgenden Generationen, gottgleich zu werden begehrten, indem sie von den verbotenen Früchten des Gartens Eden aßen, die göttliche Weisheit zu verleihen versprachen. Ausdrücklich suggeriert die Schlange: „Gott weiß, daß, welches Tages ihr davon esset, so werden eure Augen aufgetan, und werdet sein wie Gott und wissen, was gut und böse ist." (*Genesis* 3,5). Die Verlockung ist so groß, dass Adam und Eva zugreifen. Auch sonst wird die Gottähnlichkeit des Menschen betont etwa durch die Aussage, dass der Mensch nach dem Ebenbild Gottes geschaffen sei oder dass Gott mit ihm von Angesicht zu Angesicht verkehre. Dass die Menschen wegen ihres Vergehens mit dem Fluch der Lebenslast: der Schwere der Feldarbeit und Nahrungsbeschaffung[155] und der Schmerzen der Geburt belastet werden, stellt einen Wermutstropfen in dem sonst scheinbar so positiven Bild dar.

Halten wir einen Moment inne und machen uns klar, was dieses tausendmal wiederholte, so dahingesagte Bibelwort von der Gottähnlichkeit bedeutet.

Dass die Herrscher Mesopotamiens und Altägyptens als göttlich und gottebenbürtig, als Stellvertreter Gottes auf Erden, angesehen wurden, ist altorientalische Tradition. Dies erklärt sich daraus, dass Herrscher gegenüber dem gemeinen Volk eine privilegierte Stellung innehatten. Sie waren vom übrigen Volk abgehoben, waren informierter und wissender als dieses, da sie mehr Informationen durch ihre Verwalter, Botschafter und Kundschafter besaßen als jene, sie waren weiser durch ihre Berater; sie genossen bessere Nahrung, hatten Privilegien, festigten ihre Sonderstellung durch Inzestheiraten zwischen Geschwistern, aber sie verteidigten ihr Land und Volk auch in erster Reihe bei Kriegszügen. Ihre Herausgehobenheit und ihr gottähnlicher Status mag verständlich sein.

Dass aber der gewöhnliche, gemeine Mensch, der Untertan und Beherrschte, als gottähnlich angesprochen wird wie in dem abrahamitisch-hebräischen Bibelwort, erscheint anmaßend, ist Hybris par excellence, wie

155 „Im Schweiße deines Angesichts sollst du dein Brot essen" (*Genesis* 3, 19).

auch der spätere griechische Mythos von Prometheus, der den Menschen gegen den Willen des Göttervaters Zeus das Feuer brachte, Hybris ist und entsprechend bestraft wurde mit der Anschmiedung des Prometheus an den Tartarus. Diese Hybris hat die gesamte abendländische Geschichte erfasst bis in die Gegenwart hinein zur KI-Forschung und ihrer Protagonisten, die nicht nur auf eine Lebensverlängerung auf 200, 500 Jahre, sondern 1000 Jahre und mehr abzielen und damit auf eine Unsterblichkeit und hierfür auch Wege der Realisierung meinen aufzeigen zu können wie Stammzellenkuren, genetische Eingriffe mittels einer Genschere CRISPR, Anti-Aging-Programme, Maßnahmen nicht nur zu einer präventiven, sondern regenerativen Medizin, wie Ray Kurzweil und der Präventivmediziner Terry Grossman in ihrem Buch *Fantastic Voyage: Live Long Enough to Live Forever* (2004)[156] oder der Brite Aubrey de Grey[157]. Sie verstehen sich nicht wie Stanislaw Lem als Futuristen, sondern als reale Wegbereiter eines künstlichen Lebens und einer künstlichen Welt. Auch an Bioprint ist gedacht. Wie man schon heute Gewebe, Leder, Fleisch künstlich züchtet, so soll die menschliche Persönlichkeit mit Hilfe von 3 D-Druckern erzeugt werden. Oder die Vernetzung aller Computer soll ein Supergehirn ergeben. Insbesondere die USA, das Silikon Valley, ist Vorreiter dieser Technologien.

Dieses erstmals im *Alten Testament* formulierte Programm fand grosso modo bei den alten Griechen eine Fortsetzung. Platon berichtet im *Timaios* einen Mythos von der Welterschaffung durch einen göttlichen Demiurgen, d.h. einen Handwerkergott, dem der Mensch nacheifert, indem er die Aufbaugesetze des Kosmos in Gedanken nachvollzieht und damit im Prinzip versteht. Verstehen lässt sich nur das, was man wie der Künstler oder Handwerker selbst produzieren bzw. reproduzieren kann. Bei Laktanz wird es später heißen: „Wer, wenn nicht der Künstler kennt sein Werk."[158] Und bei Nikolaus Cusanus finden wir die These, dass das Maßverhältnis zwischen den Werken Gottes und seinem Geist dasselbe sei wie das zwischen dem menschlichen Werk und dem menschlichen Geist und insofern das Werk des Menschen die Abbildung der göttlichen Schöpfung sei.[159] Da die Aufbaugesetze des Kosmos logisch-mathematischen Prinzipien folgen, ist damit die Möglichkeit gegeben, der ursprünglichen Konstruktion durch gedankliche Re-

156 Ray Kurzweil, Terry Grossman: *Fantastic Voyage:* Live Long Enough to Live Forever, Emmaus, PA 2004.

157 Aubrey de Grey, Michael Rae: *Ending Aging,* St. Martin's Press 2007.

158 „Quis scire nisi artifex potest cui soli opus suum notum est?"*De opificii dei*, liber 14,9, in: F. Lactantius: *Opera Omnia*, recensuerunt S. Brandt et G. Laubmann, Pars II, Fasciculus 1, Prag, Wien, Leipzig 1893, S. 50.

159 Vgl. *Idiota de mente*, cap. 7, fol. 86, in Nikolaus von Kues: *Philosophisch-theologische Schriften*, hrsg. und eingeführt von Leo Gabriel, übersetzt und kommentiert von Dietlind und Wilhelm Dupré, Studien- und Jubiläumsausg., lateinisch-deutsch, 3 Bde. Wien 1964-1967, Bd. 3, S. 532 ff./533 ff.

konstruktion zu folgen. Es handelt sich also bei Platons Schöpfungsmythos und in der Nachfolge seiner Konzeption um ein technomorphes Verstehensmodell, das die göttliche Planung nachvollzieht.

In der Renaissance, die sich als Wiedergeburt der Antike verstand, erhielt die Vorstellung von Gott als Weltenbaumeister neuen Aufschwung. Gott wurde unter Berufung auf Bibelstellen wie *Sapiantia* 11,21: „Aber du hast alles geordnet mit Maß, Zahl und Gewicht" oder auf *Jesaja* 40,12: „Wer mißt das Wasser mit der hohlen Hand und faßt den Himmel mit der Spanne und begreift den Staub der Erde mit einem Drilling und wägt die Berge mit einem Gewicht und die Hügel mit einer Wage?" dargestellt als über der Welt thronend und diese mit Zirkel und Lineal vermessend. Berühmt ist auch das Titelbild einer *Bible Moralisée* (Frankreich 1220-1230), wie Gott oder Christus sich über die Erde beugt und diese mit dem Zirkel mathematisch-geometrisch vermisst. Die Künstler, die ursprünglich nach ihrer sozialen Stellung als Handwerker eingestuft wurden, avancierten in der Renaissance zu freischaffenden Genies, die nach eigenen Gedanken und Plänen in ihren Kunstwerken Welten zu erschaffen fähig waren.

Den Höhepunkt erreichte diese Tradition mit René Descartes zu Beginn der Neuzeit und seinem berühmten Ausspruch, dass die Menschen „maîtres et possesseurs de la nature"[160] seien, also Meister und Besitzer, d.h. Herrscher über die Natur, die nach Gutdünken mit ihr schalten und walten können, wie es ihnen beliebt. Der mathematische Konstruktionsgedanke bleibt auch bei ihm erhalten und entsprechend in der gesamten weiteren Geschichte.

Nicht weniger drastisch argumentiert Francis Bacon im *Novum Organon*. Er nennt in einer Steigerung drei Arten von Ehrbegierde: *erstens* die Begierde, die eigene Macht in seinem Vaterland zu erweitern, *zweitens* die Begierde, die Macht des Vaterlandes über das menschliche Geschlecht zu erweitern, und *drittens* die Begierde, die Macht des Menschengeschlechts über die Gesamtheit der Geschöpfe zu erweitern.[161] Rechtfertigen lässt sich dies nur vor dem Hintergrund der jüdisch-christlichen Auffassung von der ursprünglichen Unschuld des Menschen und seiner Herrschaft über die Natur, die es nach dem Sündenfall wiederzuerlangen gilt, und zwar die erstere durch „Religion und Glauben" (*per religionem et fidem*), die letztere, die Herrschaft über die Geschöpfe, durch „Künste und Wissenschaften" (*per artes et scientias*).[162] Bacon scheut sich auch nicht, von einer Versklavung der Natur zu sprechen. Seine Vorbilder hierfür sind die Bergleute, die ins Innere

160 René Descartes: *Discours de la Méthode / Von der Methode* des richtigen Vernunftgebrauchs und der wissenschaftlichen Forschung, übersetzt und hrsg. von Lüder Gäbe, Hamburg 1960, S. 100 (VI,62).

161 Vgl. Francis Bacon: *Neues Organon*, hrsg. und mit einer Einleitung von Wolfgang Krohn, lateinisch -deutsch, Hamburg 1990, Teilband 1, S. 270/271, Aphorismus 129.

162 A.a.O., Teilband 2, S. 613, Aphorismus 52 Ende.

der Natur eindringen und in deren Eingeweiden nach Schätzen wühlen, und die Schmiede, die die Natur gleichsam auf dem Amboss bearbeiten und zurechtbiegen.[163] Auch vergleicht Bacon den Umgang mit der Natur durch die Wissenschaft mit einer Gerichtssituation, in der die Natur, einem Angeklagten gleich, durch methodische Befragung ausgeforscht wird vom Wissenschaftler wie von einem wahrheitssuchenden Richter, wobei Gewaltanwendung wie die Inquisitions- und Foltermethode nicht ausgeschlossen sind. Die Schilderung hat bekanntlich das Vorbild abgegeben für Kants Darstellung der Wissenschaftsmethode in der *Kritik der reinen Vernunft*.[164]

Ausführlich und mit Stolz zählt Bacon in seinem Spätwerk *Nova Atlanta* detailliert die herrlichen Errungenschaften auf, die der Mensch der Natur abgerungen hat durch Eingriffe, Manipulation oder Vermischung, durch Okulation von Pflanzen und Züchtung von Tieren, durch die künstliche Herstellung von Naturphänomenen wie Blitz und Donner, Eis und Schnee, Konservierung und Präparierung. Kurzum, der ganze Zauberkasten der modernen Technik wird von Bacon ausgebreitet.

Auch wenn es immer wieder in der Geschichte gegenläufige Beispiele gegeben hat, wie sie in Franz von Assisis *Sonnengesang* vorkommen, so herrschte doch bis ins 20. Jahrhundert die Meinung vor, dass der Mensch das Recht zu beliebigen Eingriffen in die Natur und beliebigem, verschwenderischem Ressourcengebrauch habe, so dass die Natur an vielen Stellen gerade beim Tageabbau von Kohle und Erzen einer Müllhalde gleicht.

Auch wenn im 20. Jahrhundert erstmals ein Bewusstsein der Landschaftsverschändelung sowie der Verschwendung der natürlichen Ressourcen durch ungehemmten Abbau und Verbrauch aufkam und ebenso ein Bewusstsein der Ausrottung der Pflanzen- und Tierdiversität, kurzum, ein Bewusstsein des Raubbaus an der Natur, auf das schon in den sechziger Jahren des 20. Jahrhunderts der Club of Rome warnend hingewiesen hatte, nicht zuletzt mit dem Slogan ‚small is beautifull', freilich ohne Erfolg, so haben erst die Klimaaktivisten der Gegenwart und besonders die junge Generation, die sich die ‚letzte Genration' nennt, gewaltsam und brutal, ja terroristisch in das Geschehen eingegriffen, indem sie sich an Bäume ankettetten, auf Straßen und Flugbahnen fixierten und den Verkehr verhinderten, Rettungswagen mit Schwerkranken blockierten und den Tod von Menschen hinnahmen, kurzum, sie haben sich nicht gescheut, ihren Protest gewaltsam durchzusetzen. Dabei gingen sie nicht weniger zimperlich und brutal vor als die früheren Nutzer der Natur, nur in umgekehrter Richtung.

Mit diesen Aktionen ist die gegenwärtige Klimaschutzbewegung auf ih-

163 Vgl. Lord Franz Bacon [...]: *Über die Würde und den Fortgang der Wissenschaften*, verdeutschet und hrsg. von Johann Hermann Pfingsten, Pest 1783 (Reprographischer Nachdruck Darmstadt 1966), S. 302 f (Buch 3, Kapitel 3).

164 Vgl. Immanuel Kant: *Kritik der reinen Vernunft* B X11 ff (Akad.-Ausg., Bd. 3, S. 10).

rem Höhepunkt angelangt. Unter dem Namen Klima- oder Umweltschutz entstand Anfang / Mitte des 21. Jahrhunderts, forciert 2018 durch eine 15jährige Schülerin Greta Thunberg, eine Klima- und Umweltschutzbewegung, die vor allem von der jungen Generation getragen wird. Ideologisch verbrämt genauso wie die neuzeitlichen Naturwissenschaftler, nur mit umgekehrtem Vorzeichen, meint man, in Naturprozesse eingreifen zu können, so im Falle der gestirnskonstellatorisch bedingten Prozesse, die seit Jahrmillionen den Wechsel von Kälte- und Wärmeperioden auf der Erde bestimmen – beschleunigt allerdings durch den vermehrten CO_2-Ausstoß der industriellen Revolution seit Endes des 19. Jahrhunderts. Man ist der Überzeugung, diesen natürlichen Prozess stoppen oder entschleunigen und so die Natur dirigieren zu können.

Zur Farce wird die gutgemeinte, jedoch naive Naturschutzbewegung, wenn nicht alle Länder, alle Völker und alle Generationen mitmachen, wonach es gegenwärtig nicht aussieht. Während die einen sich in Verzicht üben, betreiben die anderen weiterhin Kohle- (Stein- und Braunkohle)abbau oder erweitern ihn noch, nutzen ihn ungehindert und verschmutzen weiterhin durch Co_2-Ausstoß die Atmosphäre, ganz zu schweigen von den Entsorgungsproblemen des Atommülls, die einfach auf die nächste Generation und übernächste verschoben werden. Solange immer größere Kontainerschiffe zum Transport und für Reisen gebaut werden, die nur mit Schweröl angetrieben werden können, das dann im Meer entsorgt wird und ein Fischsterben auslöst, ist eine Schadstoffreduktion nicht in Sicht.

Sollte man wirklich der Meinung sein, einen Naturprozess sistieren oder verlangsamen zu können, so wird man durch folgende Überlegung eines Besseren belehrt: Heute leben schätzungsweise 8 Milliarden Menschen auf der Erde – innerhalb des 20. Jahrhunderts allein hat sich die Erdbevölkerung verdreieinhalbfacht –, bis 2100 dürfte nach einem UNO-Bericht die Zahl bei mittlerer Progression auf 11 Milliarden ansteigen, die alle an den Rohstoffen der Erde: reiner Luft, reinem Wasser, an Mineralien und Produkten aus diesen beteiligt sein wollen und damit den Ressourcenverbrauch noch weiter ins Unermessliche steigern. Die tatsächliche Menschheitsentwicklung verläuft konträr zur tatsächlichen Naturgeschichte.

Zudem lässt sich fragen, ob es überhaupt möglich ist, sich gegen die Natur und ihre Wandlungen zu stellen. Die Erdgeschichte weist Wärme- und Kälteperioden auf, gegen die sich auch die frühere Tier- und Pflanzenwelt nicht hat behaupten können. Dinosaurier starben aus, ebenso Riesenbäume; ein Entkommen gab es nicht. Gerade ist eine Polarexpedition an den Südpol aufgebrochen mit der Aufgabe, dort die durch die Schnee- und Eisschmelze freigelegten Dinosaurierknochen zu sammeln und zu studieren. Der Südpol, der heute noch durch Eismassen bedeckt ist, war einmal von einem tropischen Urwald überzogen und von Dinosauriern belebt. Gegen kosmische

Veränderungen wie Wärme- und Kälteperioden vermag der ‚kleine Mensch' nichts auszurichten, und das zeigt sich durch die immer häufiger werdenden Bergrutsche, Gletscherschmelzen, den exorbitant steigenden Methanausstoß in der sibirischen Tundra, das Aufweichen ehemals gefrorener Böden in Russland. Man mag durch Radikalverzicht den Prozess minimal verlangsamen, prinzipiell gegen die Natur und ihre Wandlungen läst sich nichts ausrichten. Die Vermeinung, dies zu können, ist noch Erbe der Hybris der Gottgleichheit des Menschen.

Zur eigentlichen Farce aber macht sich die Menschheit selbst, indem sie einerseits selbstlos Naturschutz betreiben will, um eine Klimakatastrophe, ja überhaupt einen Naturkollaps zu verhindern, andererseits zum forcierten Programm die KI-Forschung erhoben hat mit dem Ziel der totalen Substitution der natürlichen Natur durch eine artifzielle, in der alle Probleme, mit denen wir jetzt zu kämpfen haben, nicht mehr auftreten sollen. Auch wenn KI erst am Anfang der Entwicklung steht, so sind die Fortschritte doch so frappant, dass weitere und größere Fortschritte, eventuell auch Sprünge in Zukunft zu erwarten sind, die die alte Idee der absoluten Herrschaft des Menschen über die Natur weiter beflügeln.

2. Kapitel: Widerständigkeit durch Krankheit, Alter, Tod

Nun gibt es allerdings von Anfang an einen Wermutstropfen in dem Bestreben des Menschen, gottgleich die Natur beherrschen zu wollen, solange die Möglichkeit der vollständigen Substitution der Natur durch KI nicht gezeigt ist. Das sind Situationen im menschlichen Leben, denen der Mensch nicht gewachsen ist, in denen er sich nicht als Herr und Meister erfährt, vielmehr ausgeliefert fühlt, weil diese Situationen ihm überlegen sind und ihn überfordern. Traditionell gelten Krankheit, Alter, Tod, Schicksalsschläge und Tragisches für solche Konstellationen, die sich nachhaltiger und tiefer einprägen als alltägliche Existenzerfahrungen.

Man kann noch so sehr bestrebt sein, seine Gesundheit zu erhalten und zu fördern, sei es durch gesunde Ernährung, Sport, Bewegung (Wandern, Schwimmen, Skilaufen usw.), oder bei zeitweiser Erkrankung durch medikamentöse Behandlung, gegebenenfalls durch operative Eingriffe und Ersetzung defekter Organe durch Kunstorgane wieder herzustellen. Dass Krankheiten über einen hereinbrechen können, meist plötzlich und unvorbereitet, ist nicht zu bestreiten. Die letzte große Menschheitserfahrung war das Hereinbrechen der Corona-Pandemie (2020-2022), die sich in Windeseile global ausbreitete und einen Großteil der Bevölkerung dahinraffte, ähnlich wie im Mittelalter und zu Beginn der Neuzeit die Pest mehrfach in Europa wütete und bis zu zwei Drittel der Bevölkerung ausrottete, oder zu Beginn des 20. Jahrhunderts die sogenannte Spanische Grippe, später HIV, Ebola, Malaria usw. Auch wenn man einige der weit verbreitetsten Krankheiten wie Pocken und Lepra seit Endes des 19. Jahrhunderts hat besiegen können, so sind doch neue Krankheiten und Seuchen entstanden und werden es in Zukunft vermehrt tun, da die Resistenz des Menschen sich nicht gleich schnell entwickelt wie die Mutationen der Krankheitserreger (Viren, Bazillen, Bakterien). Ebenso wenig kann man verhindern, wie man als Kind geboren wird, ob ‚normal' oder mit genetischen Defekten wie Blindheit, Taubheit, Stummheit oder einer sonstigen Abnormität, eines Tay-Sach-Syndroms oder einer anderen autosomal-resessiven Krankheit, die Eltern mögen sich vor oder während der Schwangerschaft noch so sehr um Aufklärung und Vermeidung von Missbildungen bemüht haben.

Auch für sein Alter mag man Vorsorge tragen – in früheren Zeiten durch eine zahlreiche Kinderschar, von der zumindest einige im Elternhaus blieben und die Eltern im Alter pflegten, was heute durch finanzielle Absicherungen wie Altersvorsorge, Renten, Versicherungen usw. ersetzt ist. Niemand aber entgeht dem Alterungsprozess, dem zunehmenden körperlichen und geistigen Verfall bis hin zu Demenz und physischer Schwäche, da der Abbau genetisch vorprogrammiert ist, selbst wenn sich der Verfall entschleunigen lässt. Betrug die durchschnittliche Lebenserwartung von indigenen Völkern, wenn es hoch kam, 35-40 Jahre und auch die unserer Vorfahren im 19. Jahrhundert bei Männern 35,6, bei Frauen 38,4 Jahre, so stieg sie im 20. und 21. Jahrhundert rapide an und lag um 1950 bei 64,6 Jahren bei Männern, bei 68,5 Jahren bei Frauen und im Jahre 2020 bereits bei 78,5 Jahren bei Männern und 83,4 Jahren bei Frauen mit steigender Tendenz.[165]

Der Wunschtraum der Menschheit nach ewigen Leben, und zwar nicht nur einfachem Leben, sondern ewiger Jugend und Schönheit – denn wer möchte schon ein ewiges Alter? –, ging bislang nicht in Erfüllung. Unsterblichkeit zu erreichen, spielte schon in einem der ältesten Epen der Menschheit, im babylonischen *Gilgamesch*-Epos, das im 2. Jahrtausend v. Chr. im Zweistromland verfasst wurde, eine Rolle. Gilgamesch, König von Uruk, muss den frühen Tod seines heißgeliebten Freundes Enkidu erleben. Tief betroffen und bewegt begibt er sich auf die Suche nach dem einzig Überlebenden der Sintflut Uta-napischti – einem mesopotamischen Duble des hebräischen Noah –, der auf einer fernen, unerreichbaren Insel lebt, um bei ihm Rat zu suchen. Nach unendlichen Mühen und Anstrengungen gelangt Gilgamesch zu diesem und erfährt widerwillig das Geheimnis des Lebens:

165 Statista. https://de.statista.com/statistik/daten/studie/1783/umfrage/durchschnittliche-weitere-lebenserwartung-nach-altersgruppen. Unterschiede zwischen einzelnen Ländern bestehen zwar, jedoch sind sie eher geringfügig im Vergleich zum exponentiellem Anwachsen der Lebensjahre der Weltbevölkerung.

Es ist eine Pflanze von Wuchs und Aussehen wie Bocksdorn, die in der Tiefe des Meeres zu finden ist. Offensichtlich handelt es sich um eine Koralle, etwa Hirschkoralle, die das Aussehen einer versteinerten Pflanze hat. Gilgamesch gelingt es, sie aus der Tiefe zu holen. Auf dem Heimweg nach Uruk erfrischt er sich in einem Teich, unterdessen eine Schlange, vom Duft der Pflanze angelockt, sich die Pflanze einverleibt und schnurstracks häutet. Die Häutung von Schlangen gilt als Verjüngung.

Gilgamesch muss erkennen, dass alle Mühe und Arbeit umsonst war, das ewige Leben zu erreichen, und dem Menschen nur der Tod bleibt. Er bekundet dies mit den bewegenden Worten:

> „Für wen nur, der mir angehört, haben sich, o Ur-schanabi,
> meine Arme abgemüht?
> Für wen nur, der mir angehört,
> verbrauchte sich mein Herzensblut?
> Nicht zu meinen eignen Gunsten tat ich Gutes,
> (bloß) dem ‚Löwen der Erde' habe ich Gutes erwiesen!“[166]

Seit frühesten Zeiten hat man medizinisch mit Stoffen experimentiert, um das Leben zu verlängern. Als Lebenselixier galt vor allem das Quecksilber, weil es das einzige Metall ist, das bei Raumtemperatur beweglich, also lebendig bleibt im Gegensatz zu Gold und Silber. Nicht nur der altchinesische Kaiser Quin Shi Huang Di ließ sich mit Quecksilber behandeln und verstarb schon mit 49 Jahren an den Folgen des Giftes, auch die altägyptische Pharaonin Hatschepsut soll Quecksilber zur Lebensverlängerung genommen haben und verstarb offensichtlich aufgedunsen daran.[167]

Als man im 20./21.Jahrhundert damit begann, die Verlängerung des Lebens auf eine wissenschaftliche Basis zu stellen, schlug man zunächst den Weg der Präventivmedizin ein, indem man auf ausreichende Bewegung, Sport, gesunde Ernährung, kohlenhydratarme Nahrung, Veränderung des Lebensstils setzte, womit man zwar eine Verlängerung des Lebens auf ein Durchschnittsalter von 83 bei Frauen, bei Männern etwas weniger, erreichte, aber bei weitem noch keine markante Langlebigkeit. Die zweite aggressivere Phase ging in die Richtung der Ersetzung der Präventivmedizin durch eine Regenerationsmedizin, wobei die Stammzellenforschung und -therapie eine bedeutende Rolle spielte, da aus Stammzellen die übrigen Körperzellen hervorgehen. Aber auch Stammzellen erschöpfen sich mit zunehmendem Alter. Die neuesten Studien, an denen das ‚Land der unbegrenzten Möglich-

166 *Gilgamesch*. Aus dem Babylonischen übersetzt und mit einem Nachwort versehen von Stefan M. Maul, München 2007, S. 119 (11. Tafel, Z. 311 ff.).

167 Vgl. Bernd Kleine-Gunk und Markus Metka: *Auf der Suche nach Unsterblichkeit – Die Geschichte der Anti-Aging-Medizin von der Antike bis heute*, Wien 2010.

keiten', die Traumfabrik Amerika, die alle Wünsche zu erfüllen verspricht, mit einer Vielzahl von Instituten beteiligt ist, gehen in Richtung einer Reparaturtechnik, die kontinuierlich geschädigte, kaputte Zellen und Strukturen austauschen und Schlacken wie den Zellmüll abtransportieren soll. Der menschliche Körper soll wie ein Schiff ständig repariert werden, um weiter funktionieren zu können. Das Projekt läuft unter dem Namen ‚Strategies for Engineered Negligible Senescences', was sich etwa so übersetzen lässt: ‚Strategien, um den Alterungsprozess mit technischen Mitteln vernachlässigbar zu machen'.[168] Bislang ist es allerdings nur ein Entwurf geblieben. Ewiges Leben und Jungbrunnen sind bisher unerreicht.

Und ebenso wenig lassen sich Schicksalsschläge tragischer Art vermeiden. Sie überkommen einen meist plötzlich und unerwartet wie Unfälle, Kriege – momentan der Einfall Russlands in die Ukraine mit der Zerstörung alles Erarbeiteten und Aufgebauten, selbst des eigenen Lebens. Sie mögen tiefergehende und lang schwelende Ursachen haben wie Konflikte, Angst vor der Übermacht der anderen, Aggression, Machtansprüche u.ä., meist brechen sie unvorbereitet und schonungslos über einen herein. Fatum, Schicksal, schwankendes Glück hat man diese Imponderabilien des Lebens genannt.

Die griechischen Tragödien von Aischylos, Sophokles und Euripides wie *Die Perser*, *Ödipus rex*, *Iphigenie*, *Medea* usw. schildern die über einzelne und Gesellschaften hereinbrechenden Verhängnisse in ihrer ganzen Dramatik. Ödipus, dem die Wahrsagung prophezeite, einst den eigenen Vater zu töten, verließ den Königshof, an dem er als Findling aufwuchs, um dem geweissagten Schicksal zu entgehen, und lief geradewegs in sein Verderben hinein, indem er an einer Wegkreuzung einen störrischen Alten, der ihm dem Weg versperrte, tötete, ohne zu wissen, dass es sein leiblicher Vater war; er befreite eine Stadt vom Übel, erhielt zum Dank die Königin zur Gemahlin, ohne zu wissen, dass er seine eigene Mutter ehelichte.

Alle diese Begebenheiten und Geschehnisse, die dem Menschen immer wieder begegnen, die ihn bis ins tiefste Mark erschüttern, führen ihm die Imponderabilien und Unsicherheiten des Lebens vor Augen, seine Geworfenheit ins Sein, seine Ausgeliefertheit an das Schicksal und höhere Mächte.

Vorgestellt werden diese höheren Mächte, von denen sich der Mensch abhängig erfährt, gemäß menschlicher Phantasie und menschlichem Ermessen. Für Religionen wie die christliche ist es das Strafgericht Gottes, das die Menschheit überkommt, für Naturreligionen sind es Naturkräfte und unberechenbare Gewalten wie Stürme, Orkane, Unwetter, Überschwemmungen, sintflutartige Regenfälle, Erdbeben u.ä., die über die Menschheit hereinbre-

168 Vgl. Bernd Kleine-Gunk, Stefan Lorenz Sorgner: *Homo ex Machina*. Der Mensch von Morgen. Chancen und Risiken des Transhumanismus, München 2023, S. 98.

chen. Sie führen dem Menschen vor Augen, wie stark diese Kräfte sind und wie klein und ohnmächtig er selbst ihnen gegenüber ist. Selbst das intellektuell aufgeklärte und angeblich ‚allwissende' technisch-technologische 21. Jahrhundert vermag dem Hereinbrechen von Hurrikans, Flutwellen, Vulkanausbrüchen, Dürreperioden, die dem Menschen die Lebensgrundlage entziehen, nicht zu wehren. Trotz seiner Allwissenheit muss er ohnmächtig zuschauen und es geschehen lassen, ohne dass er etwas dagegen ausrichten kann. Selbst seine größten Bauten wie Deiche, Dämme oder Flutbrecher werden in Windeseile hinweggespült.

Dieses Gefühl der Ohnmacht und Unsicherheit gegenüber überlegenen und beherrschenden Mächten stellt sich ein, gleichgültig, ob der Mensch religiös an eine Pluralität von Mächten, Dämonen, Geistern und Göttern glaubt oder monotheistisch an einen einzigen Gott. Bei dieser existentiellen Frage geht es um Religiosität überhaupt, sofern *religio* mit Bindung und Abhängigkeit zusammenhängt. Es ist das Gefühl grundsätzlicher Dependenz von unberechenbaren höheren Mächten, das Gefühl, dass man nicht aus sich und durch sich selbst (*a se* und *pe se)* existiert.

Und ebenso ist auch die Sozialstruktur, in der der Mensch lebt, nicht ausschlaggebend für seine Sicherheit und Geborgenheit, ob es sich um eine hierarchische Gesellschaft oder eine egalitäre mit Schwarmintelligenz handelt.

Eine hierarchische Gesellschaft ist aufgebaut nach dem Eltern-Kind-Modell, der allwissenden, zumindest mehr wissenden Eltern und der unwissenden, unmündigen Kinder. Psychologisch erfahren die Kinder die Liebe und Fürsorge der Eltern, vertrauen ihnen, auch wenn sie deren Entscheidungen nicht immer verstehen und oft genug für ungerecht halten. Sie durchschauen nicht, warum die Erwachsenen gerade so handeln, wie sie handeln, warum sie den einen loben und bevorzugen, den anderen tadeln und benachteiligen. Sie unterstellen ihnen naturgemäß Mehrwissen und eine Herrschaftsfunktion – besser Obhutsfunktion – und sehen sich selbst in Unwissenheit und Abhängigkeit, bis sie heranreifen und durch Erfahrung und Belehrung selbst den Status der Eltern erreichen, der allerdings auch das Bewusstsein der grundsätzlichen Unsicherheit und Unwissenheit mit sich bringt. Auch das angebliche Wissen der Erwachsenen ist mit Imponderabilien und Unsicherheiten behaftet.

Nach dem Paradigma von Eltern und Kindern waren in der Antike und im Mittelalter bis in die Neuzeit hinein die meisten Staaten organisiert, sowohl die altorientalischen, die altägyptischen wie das römische Imperium, später das Heilige römische Reich deutscher Nation[169], indem ein Herrscher

169 Auch die angebliche älteste Demokratie, die griechische, war alles andere als eine egalitäre Gesellschaft des Volke, auch wenn das Volk das Recht des Ostrakons zur Vertreibung eines Tyrannen hatte. Tatsächlich aber lag die Leitung bei den gebildeten aristokratischen Schichten. In China herrschten Kaiser, in Indien Fürsten (Maharadschas), überall gab es Führungs-

– in der Antike ein von Gott eingesetzter[170] – an der Spitze stand, der für allwissend und allmächtig galt, während die Untergebenen von ihm abhingen wie heute in Diktaturen. Wie es in der kindlichen Entwicklung zur Verselbständigung und Reife kommt, so auch im Staatswesen. Mit der Reife, dem Wissenserwerb und Durchschauen von Situationen, wächst auch die Einsicht in die Unverfügbarkeit des Seins. Fühlten sich die Untertanen bisher beschützt und sicher, wenn auch ohne Einsicht, so wird ihnen mit der Reife die Unverfügbarkeit des Seins und die grundsätzliche Unwissenheit bewusst.

Die Reife der Völker durch Allgemeinbildung, wie sie heute üblich ist und in der Gegenwart durch das Internet von jedermann erworben werden kann, nivellierte die Distanz zwischen Herrscher und Beherrschten, vergrößerte aber auch das Bewusstsein der Imponderabilität der Existenz, des Ausgeliefertseins an höhere Mächte.

Zwar verführt heute KI und die angebliche Machbarkeit von allem zu der Annahme, Herr der Dinge und des Geschehens zu sein, zeigt aber andererseits in vielfachen Katastrophen die Fragilität des Seins und die Ratlosigkeit des Menschen.

Im Tierreich geht es nicht anders zu als in menschlichen sozialen Verhältnissen. Auch hier gibt es eine Leit- oder Führerfigur, z.B. in Elefantenherden, die meist aufgrund ihres Alters und ihres Erfahrungsreichtums, ihrer Erlebnisse, ihres Überblicks und Weitblicks die Herde führt.[171] Sie hat ein Mehrwissen gegenüber den anderen, was ihre dominante Stellung begründet und sie qualifiziert, die Gruppe bei Gefahr und in Notsituationen zu leiten und zum rettenden Wasserloch zu führen. Allerdings besagt dies keine absolute Sicherheit, denn allzu oft erfahren wir, dass Herden oder Gruppen wie Wale und Orcas stranden und elendiglich verenden, weil das Leittier, aus welchen Gründen auch immer, ob veränderten Situationen durch Schiffsverkehr oder anderen Irritationen, sie fehlleitete.

Auch den nicht-hierarchischen, egalitären Gruppen mit sogenannter Schwarmintelligenz ist Unsicherheit und Ungewissheit immanent.

Len Fisher hat in seinem Buch *Schwarmintelligenz*[172] eine Reihe von Bei-

eliten. Im weiteren Verlauf der Geschichte kam es zunehmend zur Mitbestimmung des Volkes. Der nicht zu bestreitende rapide wirtschaftliche Aufstiegs Chinas von einer rückständigen mittelalterlichen Macht zu einer der führenden Highteecknationen der Gegenwart beruht auf dem stillschweigenden Abkommen zwischen Regierung und Volk, dass das Volk der Regierung die Führung überlässt für das Versprechen des Wohlstandes.

170 Bis zum heutigen Tag gilt in England der König als von Gott eingesetzter und wird daher gesalbt.

171 Dies erklärt auch den Zusammenhang von Alter und Weisheit.

172 Len Fisher: *Schwarmintelligenz.* Wie einfache Regeln Großes möglich machen (Titel der Originalausgabe *The Perfect Swarm.* The Science of Complexity in Everyday Life, 2009) aus dem Englischen von Jürgen Neubauer, Frankfurt a. M. 2010, S. 97 ff.

spielen für das Funktionieren von Schwarmverhalten angeführt, aber ebenso auch für seine Unsicherheit und Fragilität.

Bekannt ist, dass Bienen, die in einem Bienenstaat zusammenleben und innerhalb desselben ihre vorprogrammierte Aufgabe haben, Arbeiterinnen das Ausschwärmen zur Nahrungssuche, Wächterinnen den Schutz des Eingangs des Bienenstocks, die Königin der Eiablage, die Drohnen der Begattung usw. Findet nun eine Arbeiterin ganz in der Nähe eine lukrative Futterquelle, so kehrt sie in kürzester Zeit zum Stamm zurück, legt eine Pheromonspur, der die anderen folgen. Da die anderen Futterstellen sich möglicherweise in größerer Entfernung zum Bienenstock befinden und mehr Zeit zum Zurücklegen benötigen, haben in eben dieser Zeit mehr Bienen den kürzeren Weg gewählt und so ein Schwarmverhalten entwickelt.

Dieses Beispiel mag man im Hinterkopf haben, wenn man Fishers Beispielen folgt. Autofahrer, die an einem Restaurant vorbeifahren und auf dem dortigen Parkplatz eine Reihe von Fahrzeugen parken sehen, vermuten, dass es dort gutes Essen gebe, und halten ebenfalls an, um dort zu speisen, während sie an Gasthäusern, vor denen keine Autos parken, weiterfahren in der Annahme, das Essen dort sei schlecht.

Unsere Neuronen im Gehirn sind so programmiert, dass wir der Mehrzahl folgen, die folglich eine Art Zwang ausübt.

Nun gab es Ende der achtziger Jahre des letzten Jahrhunderts in Russland die Situation, dass vielerorts Menschen vor Einkaufsläden standen, woraus die Vorübergehenden schlossen, dass es dort Ware zu kaufen gebe. Das Gegenteil war jedoch der Fall. Die Versammelten warteten nicht vor dem Geschäft, weil es dort begehrte Mangelware gab, sondern weil sie auf Nachschub warteten. Nicht immer also deutet die größere Ansammlung von Individuen bzw. das Erreichen einer sogenannten kritischen Masse auf einen Vorteil, sondern kann auch auf das Gegenteil weisen. Für alle positiven Beispiele finden sich Gegenbeispiele negativer Art, was Indiz für die Ambivalenz des Seins und die Unsicherheit des Lebens ist.

Im Grunde weiß oder ahnt oder fühlt der Mensch in seinem tiefsten Innern das Ausgesetztsein und die damit verbundene Unsicherheit, was Angst- und Ohnmachtsgefühle auslöst. Da er diese zu beseitigen sucht, flüchtet er sich in eine Wunsch- und Traumwelt, so die vom künstlichen Menschen, dem Homunkulus, gegenwärtig dem Roboter mit künstlichem Gehirn, einer Maschine oder einem System, das keine Empfindungen, keine Gefühle, keine Sensitivität hat und damit auch keine Gefühle von Schmerz und Leid. Er zielt damit in Richtung auf ein posthumanes, postbiologisches Zeitalter mit Kunstwesen, die ohne Emotionen und ohne Bewusstsein, nämlich ohne jenes helle, klare Selbst- oder Ichbewusstsein, das alle Verstandeshandlungen begleitet, auskommen und damit nur Schattenwesen des Menschen sind. Zwar vermag diese Maschine oder dieses System behavioristisch Empfindungen, Gefühle, Stimmungen, Befindlichkeiten, Bewusstsein zu imitieren und vorzutäuschen, ohne sie in Wahrheit zu haben, wie in der Schauspielkunst, die auch Trauer durch Weinen und Wehklagen vortäuschen kann wie auch Freude durch Lachen und Springen. Damit aber gehen diesem Wesen auch Angstgefühle ab. Die gegenwärtige Menschheit erliegt dem Rausch, eine posthumane, ja postbiologische Welt zu schaffen mit einer KI, die frei von Angstzuständen ist.

Was aber geschieht mit den zum menschlichen Leben gehörenden Emotionen, zu denen die Leid- und Schmerzerfahrungen ebenso wie Angstgefühle gehören, welche letzteren zur Vorsorge treiben? In einem Dasein, das sich zum spezifischen Menschsein in seiner Abhängigkeit und Begrenztheit bekennt und die Imponderabilien gewärtigt, haben diese Gefühle die Funktion, das Leben zu meistern, d.h. Widerstände wahrzunehmen, sich ihnen zu stellen, sie zu bezwingen, wie man einen Berg bezwingt und seine eigenen Kräfte dabei steigert sowie seinen Charakter stählt. Da wir im Leben eine Vielzahl von Widerständen zu bestehen haben, wächst der Mensch von Stufe zu Stufe über seinen vorhergehenden Zustand hinaus, erweitert seine Fähigkeiten und bewährt seine Haltung gegenüber jeder neuen Situation, was zu mehr Gelassenheit führt. Das macht seine Weisheit und Lebensreife aus. Diese würden in einer Kunstwelt völlig verloren gehen und damit auch der Anreiz zur Weiterentwicklung. Das System käme zum Erliegen, wenn es nicht von außen Energie erhielte, da diese in einer endlichen Welt begrenzt sein dürfte.

Zu *unserem* Leben und *unserer* Welt gehören Leben und Tod, Freude und Leid, genauso wie alle anderen Gegensätze, die das Leben ausmachen, so dass man mit Goethe sagen kann: „Hier bin ich Mensch, hier darf's ich sein.“[173]

Nach dieser Skizzierung von KI und Robotik und ihrem Oppositum, der Realexistenz des Menschen, sowie der Kennzeichnung der differenten Grundpositionen, dem Streben nach totaler Macht über die Natur auf der einen Seite, dem Bewusstsein der Abhängigkeit von höheren Mächten und dem existentiellen Ausgeliefertsein auf der anderen, stellt sich die Frage nach der Vernünftigkeit der KI-Forschung und Robotik. Ist das Streben nach KI und Robotik mit der Substitution der gegenwärtigen natürlichen Welt durch eine artifizielle vernünftig und sinnvoll, wobei zu beachten ist, dass Vernünftigkeit und Verständigkeit (Rationalität) Heterogenes bedeuten: Vernünftigkeit Übersicht über Lebenszusammenhänge und Verständigkeit Regulierung durch Gesetze. Die obige Frage ist mehr als berechtigt, da die westliche Kultur und in ihrem Gefolge die globale Tendenz dem Modell der KI-Forschung frenetisch nachstrebt.

173 Johann Wolfgang Goethe: *Faust I*, Vers 940 (Osterspaziergang).

Legt man als Maßstab der Beurteilung das Bedürfnis des Menschen nach absoluter Herrschaft, das Streben nach Göttlichkeit, zugrunde, dann wird man Wege suchen und finden, dem immerwährenden Drang nach mehr und immer mehr, der Steigerung der Begierden, nachzugeben und den Popanz eines Schattengeflechts aufzubauen. Im anderen Fall ist nach Mitteln und Wegen der Bändigung der Gefühle zu immer mehr zu suchen. Diskutieren möchte ich drei Wege: *erstens* den des *survival of the fittest, zweitens* den des zwanglosen Zwangs des besseren Arguments und *drittens* den des Maßhaltens, wobei wir wieder auf den Anfang unserer Untersuchung, die Vernunft und den Verstand, zurückkommen und deren Fähigkeiten eruieren müssen.

3. Kapitel: Lösungsstrategien

(1.) Survival of the fittest

Zur Lösung des anstehenden Problems, nämlich der Frage, welche Strategie sinnvoller sei, die Respektierung der Natur, die Betonung des menschlichen Daseins mitsamt der Gefühlsdimension einschließlich der Existenzgefühle, oder die Weiterverfolgung von KI bis zur totalen Artifizialität, der Hypostasierung von Schattenwesen à la KI auf der Basis reiner Rationalität, könnte man auf den Gedanken kommen, die Frage durch die Naturgeschichte selbst entscheiden zu lassen. Wer siegt und die Oberhand behält, entscheidet sich nach dem darwinistischen Prinzip *survival of the fittest.* Nach diesem von Charles Darwin aufgestellten und bislang unwidersprochenen Prinzip sind bisher alle Entwicklungen verlaufen, wobei sich die unterschiedlichsten Überlebensstrategien gezeigt haben: Nicht nur haben bislang ausschließlich Größe, Kraft und Stärke gesiegt, sondern auch Kleinheit und Schwäche, wie am Beispiel der Dinosaurier bei klimatischen Veränderungen deutlich wird, die trotz ihrer immensen Größe und Stärke ausgestorben sind gegenüber vielen winzigen Bakterien, oder die Mammutbäume, die gegenüber kleinen, unscheinbaren pflanzlichen Organismen nicht überlebt haben. Auch Klugheit und Schläuche, Verschlagenheit, Lug und Betrug sind Überlebensstrategien. Mimikry beispielsweise ist eine allgemeine, in der Natur verankerte Strategie der Anpassung schwächlicher, ungeschützter Arten an geschützte, starke mit optimaler Überlebenschance. Das gilt nicht nur für die Imitation giftloser Schlangen vor allem in Südamerika, die in Haltung und Aufrechtstellung des Körpers und in Farbe, meist mit schwarzorangenen oder gelbfarbenen Streifen, die hochgiftige Kobra imitieren und sich so vor Feinden durch ‚Betrug' schützen, sondern auch für eine Vielzahl anderer Tiere wie Spinnen- und Insektenarten.

Mitte des 19. Jahrhunderts machte der britische Entomologe Henry Walter Bates, der elf Jahre im Amazonasgebiet lebte und forschte, an einer Schmetterlingsart eine signifikante Beobachtung. Bei der Registrierung und Systematisierung einer großen Anzahl von Faltern nach Gattungen, Arten und Unterarten wie üblich fiel ihm auf, dass sich unter den farbenprächtigen Edelfaltern (*Nymphalidae*) Exemplare fanden, die nicht zu dieser Gattung gehörten, vielmehr zur Gattung *Dismorphia*, die zur Familie der Weißlinge (*Pieridae*) zählt, sich aber in Flügelform und Farbe an die ersteren angeglichen hatten. Auf der Suche nach einer Erklärung dieser Auffälligkeit, für die weder Verwandtschaft noch Lebensweise dieser Schmetterlinge in Betracht kamen, machte er die Entdeckung, dass Vögel nie die leuchtenden farbenprächtigen Exemplare der Prachtfalter fraßen, sondern diese wegen Ungenießbarkeit mieden. Die Vögel hatten sich das Aussehen dieser farbenprächtigen Edelfalter gemerkt, so dass sie sie in Zukunft mieden. Dies legte den Schluss nahe, dass die tatsächlich genießbaren, jedoch ungeschützten Dismorphia-Arten die ungenießbaren, aber geschützten Edelfalterarten imitierten, um vor Fressfeinden sicher zu sein. So überlisteten und täuschten sie die Vögel zwecks Selbsterhalt. Dieses Phänomen ist wissenschaftlich als Mimikry bekannt. Es herrscht weitgehend in der Natur und gilt nicht nur für Tiere, sondern auch für Pflanzen, ja, man kann sagen, dass die Natur weitestgehend nach diesem Prinzip eingerichtet ist.[174]

Man denke daran, dass die Tiere der Arktis und Antarktis zu allermeist weiß sind: Schneehühner, Schneefüchse, Eisbären, Polarhasen, Grönlandfalken, Schneeeulen und sich damit an die meist weiße Schneelandschaft angepasst haben und so ihren Schutz vergrößern. Tiere der gemäßigten Zonen wie in unseren Breitengraden, in denen Erdfarben wie braun und grau (feldgrau, mausgrau) dominieren, haben sich in der überwiegenden Mehrzahl auf diese Farbgebung eingestellt (so der Feldhase, der Igel, das Wildschwein, bodenbrütende Vögel). Im immergrünen Regenwald haben Schlangen, Frösche, Vögel, Käfer, Blattläuse und Raupen häufig die grüne Farbe ihrer Umgebung angenommen, die ihnen perfekten Schutz bietet. Freilich ist dies nicht die einzige Überlebensstrategie, wohl aber eine besonders verbreitete und effektive.

Da sich der Mensch in Jahrmillionen seiner Entwicklung über die ganze Erde verstreut hat wie kaum ein anderes Lebewesen, wird man bei ihm von einem hocheffizienten Anpassungsgrad auszugehen haben und sich fragen müssen, ob Roboter wegen ihrer nichtorganischen Baumaterialien noch effektiver angepasst sind oder dies nur Zukunftsträumereien im Sinne von

174 Vgl. Karen Gloy: *Wahrheit und Lüge*, a.a.O., S. 57 ff., 67 ff.

Stanislaw Lem sind. Auch bezüglich der Intelligenz von KI stellt sich die Frage, ob ihre Intelligenz eines Tages die unsere überholen wird, was hinsichtlich Größe, Vernetzung, Intensität und Kreativität schon heute der Fall ist, oder ob sie letztlich trotz dieses Fortschritts und dieser Überlegenheit von der menschlichen Intelligenz abhängig bleibt. Die Frage können wir heutigen Tags vom Standpunkt unseres gegenwärtigen Wissens nicht genau entscheiden, obwohl es Spekulationen in der einen wie anderen Richtung gibt, die teils auf die Möglichkeit einer Vernichtung des Menschen durch KI hinauslaufen, teils auf eine letzte Abhängigkeit der KI vom menschlichen Geist.

(2.) Zwangloser Zwang des besseren Arguments.

Die vielzitierte Formel vom „eigentümlich zwanglosen Zwang des besseren Argumentes“[175] geht auf Jürgen Habermas zurück, der sie in seinem Buch *Theorie des kommunikativen Handelns* eher beiläufig im Rahmen einer Auseinandersetzung mit Stephen Toulmin und dessen Kritik an relativistischen Auffassungen benutzt. Wie nicht zu übersehen ist, enthält die Formel einen Widerspruch - rhetorisch eine Katachrese –, insofern Zwang einen gewaltsamen Akt bezeichnet und zwanglos einen gewaltlosen. Die Formel will zum Ausdruck bringen, dass es sich um einen Prozess des Nichtanderskönnens handelt.

Mancher von uns wird die Situation aus eigener Erfahrung kennen. Sind wir beispielsweise in einen Dialog mit beiderseitig verfestigter Position verwickelt, so wird man gelegentlich die Erfahrung machen, dass trotz der scheinbar hinreichend abgewogenen und abgesicherten eigenen Position plötzlich Argumente des Gegners die eigene Position erschüttern und sie aus einer anderen Perspektive betrachten lassen. Obgleich man meinte, die eigene Meinung nach allen Seiten abgesichert zu haben, muss man sich eingestehen, doch etwas übersehen oder nicht zureichend beachtet zu haben, es aus einem anderen Winkel betrachten und beurteilen zu können, so dass man ehrlicherweise nicht anders kann, als der Gegenseite recht zu geben. Dasselbe kann selbstverständlich auch dem Gegner passieren. Genau diese Situation ist mit dem zwanglosen Zwang gemeint: Aufgrund eigener freier Einsicht und Überzeugung und nicht aufgrund bloßer Überredung, was Zwang und Nötigung impliziert, sieht man sich zur Revision seiner Ansicht und zu einem Meinungswechsel veranlasst. Dies ist jederzeit möglich,

175 Jürgen Habermas: *Theorie des kommunikativen Handelns*, Bd. 1: *Handlungsrationalität und gesellschaftliche Rationalisierung*, Frankfurt a.M. 1981, neue Aufl. 1988 (die vorliegende Ausgabe folgt dem Text der 4., durchgesehenen Aufl. 1987, S. 47).

da sich die Dinge aus verschiedenen Perspektiven betrachten lassen, ja – was Habermas allerdings nicht konzedieren würde – in sich ambivalent sind.[176]

Bei dem Kampf um das bessere Argument geht es um einen Widerstreit, bei dem beiden Seiten formal aus Gründen der Gerechtigkeit gleiche Chancen eingeräumt werden müssen. Die Chancengleichheit ist ausschlaggebend dafür, dass die vorauszusetzende Appellationsinstanz, eventuell auch der Gegner, von dem Sieg der einen Seite und der Niederlage der anderen überzeugt werden kann.

Habermas diskutiert die Voraussetzungen einer idealen Sprech- und Argumentationssituation allerdings nicht im Kontext des Widerstreits, der auf den Sieg des besseren sachlichen Arguments abgestellt ist, sondern im Kontext der Kommunikationstheorie und der kommunikativen Sprechakte, die auf Konsens ausgerichtet sind, wie beispielsweise in der politischen Debatte, die für Habermas letztlich auf die Herstellung einer gleichen politischen Meinung – für ihn den Demokratiegedanken – hinausläuft. Seit der Antike kennt man den Unterschied zwischen Widerstreit und kommunikativem Denken, wobei der erstere auf eine Entscheidung hinausläuft wie bei der Gerichtssituation oder Beratung, in der Volksversammlung u.ä., und das letztere, das nicht unter Entscheidungsdruck steht, sondern fortgesetzt werden kann, bis ein vernünftiger, herrschaftsfreier Konsens hergestellt ist wie in philosophischen Diskursen. Allerdings ist hinzuzufügen, dass auch die platonischen Dialoge, die auf Konsens zielen, stets in einer unentschiedenen Situation münden und zu erneuter Diskussion auffordern.[177]

Im Rahmen idealer kommunikativer Sprechsituationen ist die Forderung nach formaler Chancengleichheit beider Unterredner von Wichtigkeit, und zwar

1. Chancengleichheit bezüglich kommunikativer Sprechakte, was die Eröffnung und Perpetuierung von Diskursen betrifft, von Rede und Gegenrede, Frage und Antwort,
2. Chancengleichheit bezüglich von Meinung und Kritik, was Deutungen, Behauptungen, Empfehlungen, Erklärungen und Rechtfertigungen anbelangt, deren Aufstellung, Begründung, Problematisierung oder Widerlegung, so dass keine Vormeinung auf Dauer der Kritik entzogen bleibt,
3. Chancengleichheit bezüglich repräsentativer Sprechakte, was das Zum-Ausdruck-Bringen von Einstellungen, Wünschen und Gefühlen betrifft,

176 Vgl. Karen Gloy: *Alterität.* Das Verhältnis von Ich und dem Anderen, Leiden, Boston, Singapore, Paderborn 2019, S. 187 ff.

177 Vgl. Michael Niehaus: *Das bessere Argument.* Eine Anmerkung zur Logik des Argumentierens bei Jürgen Habermas, in: *Philosophisches Jahrbuch* (Berichte und Diskussionen), 105. Jahrgang II (1998), S. 412-422, bes. S. 417 ff.

4. Chancengleichheit bezüglich regulativer Sprechakte, was Befehle, deren Erteilung und Widersetzung, Erlaubnis und Verbot, die Abgabe von Versprechen, deren Annahme oder Ablehnung, Rechenschaftsablegung u.ä. anbelangt.[178]

Solche absolut gleichen Zugeständnisse an beide Parteien sind Voraussetzung für einen echten Widerstreit und offensichtlich auch für kommunikative Sprechhandlungen, bei denen nicht ein externer Richter entscheidet, sondern der Gegner überzeugt werden soll.

Übertragen auf unseren Fall, den Widerstreit zwischen Mensch und Roboter, Natur und KI, Rationalität und Emotionalität, dürfte die Frage nach einem eindeutigen Sieg des besseren Arguments nicht eindeutig zu entscheiden sein: Die jüngere Generation wird ihrer natürlichen Veranlagung gemäß überwiegend auf Zukunftstechnologien setzen, was die Faszination derselben in der exzessiven Literatur widerspiegelt, die auch das Bestreben der Politik nach weitgehender Digitalisierung im Gesundheitswesen, in der Verwaltung, im Schul- und Universitätsbereich, im Alltag betrifft, während die ältere Generation ihrer Traditionsverbundenheit gemäß dem Menschlichen, dem Natürlichen, dem Emotionalen den Vorzug geben wird, so dass auch dieses Modell nicht zur Entscheidung des gegenwärtigen Konflikts taugt.

(3.) Theorie des Maßhaltens

Die Theorie des Maßhaltens oder der Mäßigung hat ihren philosophischen Ursprung in der μεσότης-Lehre der aristotelischen *Nikomachischen Ethik*, die eine Sammlung von Vorlesungsmanuskripten darstellt, die von Aristoteles‘ Sohn Nikomachus zusammen mit Theophrast zusammengestellt und unter dem Namen des Sohnes publiziert wurde. Im 2. Buch, Abschnitt 5-9[179], geht Aristoteles, was Handlungen und irrationale Affekte wie Gefühle und Leidenschaften betrifft, von gegensätzlichen Extrempositionen aus, von einem Zustand des Zu-viel und einem des Zu-wenig, die er beide für ethisch schlecht und verwerflich hält. Zu diesen Extremen des Übermaßes (ὑπερβολή) und des Mangels (ἔλλειψις) gilt es, die Mitte, das richtige Maß, zu finden. Dieses mittlere Maß ist jedoch nicht zu verwechseln mit Mittelmäßigkeit im Sinne von Mediokrität, auch nicht von Kompromiss, der wegen der Aufgabe von positiven Elementen auf beiden Seiten, die jeweils für wertvoll und gut erachtet werden, einen Wermutstropfen enthielte. Das

178 Jürgen Habermas: *Vorbereitende Bemerkungen zu einer Theorie der kommunikativen Kompetenz*, in: Jürgen Habermas, Niklas Luhmann: *Theorie der Gesellschaft oder Sozialtechnologie*, Frankfurt a. M. 1971, S. 101-141, S. 131 ff.

179 Aristoteles: *Nikomachische Ethik* 1106a -1109b.

Mittlere ist für Aristoteles im Gegenteil der höchste ethisch anzustrebende Punkt, das Ziel der Tugendlehre und des sittlichen Strebens, die Eudaimonia oder Glückseligkeit.

Das genauere Verständnis verlangt einen Blick auf Aristoteles' Seelenkonzeption. Sie unterscheidet drei Teile der Seele in Anlehnung an reale Beobachtungen, einen unvernünftigen vegetativen Teil, also einen wertlosen, und einen vernünftigen denkenden Teil, einen wertvollen, und einen zwischen ihnen gelegenen begehrenden praktischen, deren jeder eine Höchstform – eine Tugend (ἀρετή) – hat, was den Zustand bezeichnet, den jeder am besten verkörpert. So ist die Tugend (ἀρετή) einer Lampe die, zu leuchten, zu erhellen, die Tugend (ἀρετή) des Messers die, zu schneiden, entsprechend die Tugend des vegetativen Teils Gesundheit, die Tugend des vernünftigen, denkenden Teils Klugheit und Weisheit und die des begehrenden Teils, die ethische Tugend, die Eudaimonia, die man mit Glückseligkeit zu übersetzen pflegt.

Die Übersetzung des Wortes εὐδαιμονία bedeutet nicht ein spontanes Zufallsglücks wie bei einem Lottogewinn oder dem Abschuss eines stattlichen Hirsches auf der Jagd, sondern geht in die Richtung eines erfüllten, gelungenen Lebens, in dem der Mensch eins mit sich ist, ein gutes Leben führt, was immer dies heißen mag, und in dem die Person immer wieder tugendhaft zu handeln bemüht ist, was als positive Ausschöpfung der menschlichen Möglichkeiten gesehen wird.

Zu betonen ist, dass es sich bei der μεσότης, dem Mittelmaß, nicht um eine arithmetische Mitte handelt, die von zwei absoluten Extrempositionen auszugehen hätte und das Mittlere zu ihnen darstellte. Da es sich in diesem Fall um ein absolutes, konstantes Mittel handelte, könnte und müsste es Allgemeingültigkeit beanspruchen. Vielmehr wird die Mitte mit einer kontinuierlichen Mitte eines Kontinuums verglichen, die variabel ist sowohl hinsichtlich der Extrempositionen wie hinsichtlich der Mitte zu diesen. Das verleiht der aristotelischen Theorie den Anstrich einer reinen Subjektivitätstheorie, die keine generelle Verbindlichkeit für sich reklamieren kann. Genau dies unterstreicht Aristoteles auch durch die These, dass zur Erreichung der εὐδαιμονία die Vorzüge eines guten Charakters gehören, die durch Erziehung und Bildung erreicht werden, also das Ergebnis von Gewöhnung und Drill sind. Ein tugendhaftes, sittliches Leben ist die Folge richtiger Entscheidungen, und diese basieren weitgehend auf Umständen und Wertvorstellungen, zu denen der Mensch erst erzogen werden muss durch Elternhaus, Schule und Staat.

Um seine Theorie an Beispielen zu dokumentieren, wählt Aristoteles für jedermann einsichtige Exempel. So beruft er sich auf die Charaktereigenschaft des Mutes zwischen den Extremen von Draufgängertum, Tollkühnheit einerseits und Schüchternheit, Ängstlichkeit und Feigheit andererseits.

Jedes Übermaß und Untermaß ist schlecht, anzustreben ist vielmehr die Mitte zu diesen Extremen, in diesem Falle die ἀνδρεία, was Mut, Tapferkeit besagt und das ἀριστὸν, die höchste Verwirklichung zwischen den entgegengesetzten Eigenschaften ist. Das bedeutet zunächst, dass die Mitte bei jedem Menschen entsprechend seiner Veranlagung unterschiedlich ausfällt. Ein starker Mann hat eine andere körperliche und psychisch-geistige Verfassung als ein schwächlicher, kränkelnder Mensch, seine Mitte verschiebt sich daher auf der Skala derart, dass er mehr ertragen und wagen kann und muss als der Schwächling, der niemals die Mitte des Starken erreichen wird. Für ihn führt dieselbe Kraftanstrengung nur zu einem Verhalten, das für seine Extreme die Mitte bedeutet. Oder ein anderes Beispiel: der Umgang mit Geld. Die Extreme sind einerseits Verschwendung, Hinauswerfen und Umsichwerfen mit Geld und andererseits Geiz, übermäßige Sparsamkeit. Zwischen ihnen steht die Großzügigkeit als Mittelmaß, der verantwortungsvolle Umgang in monitären Angelegenheiten. Auch diese Positionen sind subjektiv. Ein extrem Reicher, wie es heute eine Reihe von Multimillionären, sogar Multimilliardären gibt, hat ein anderes Mittelmaß als jener, der mit seinen finanziellen Mitteln haushalten muss, um über die Runden zu kommen. Bei ihm definieren sich Verschwendung und Geiz anders, ebenso die Mitte als bei dem Armen, der viel weniger auszugeben hat, um ‚seine Mitte' zu erreichen. Der Kraftaufwand der Mäßigung wäre bei dem Reichen, objektiv gesehen, ungemein höher, bis er subjektiv seine Mitte bzw. Selbstbegrenzung spürte.

Und last but not least gilt es einen Blick auf den Umgang mit Leidenschaften zu werfen, speziell mit Lüsten, deren Extreme Wollust, ein Übermaß an Luststreben und -gewinn, und ein Mangel an Lust sind, der zur Stumpfheit der Sinne führt. Dem Handelnden obliegt auch hier, im Ausgang von seinen Voraussetzungen ein Mittelmaß von Über- und Untertreibung zu finden. So wie der Mensch nicht wirklich glücklich wird, wenn er nur im Rauschzustand lebt, so auch nicht, wenn er nur enthaltsam und abstinent jenseits aller Freuden existiert, da er sich naturgemäß an Schönheit, Kunst usw. delektiert. Ein entbehrungsreiches, verzichtendes Mönchtum würde Aristoteles ethisch ablehnen. Immer gilt es, ein Mittelmaß zu finden, das von Person zu Person, Situation zu Situation und physisch-psychischer Konstellation zu physisch-psychischer Konstellation wechselt und der Person eine gewisse Beherrschung und Mäßigung abverlangt, die nicht immer leicht zu erlangen ist, sondern oft harte Arbeit an sich voraussetzt.

Da diese Ethik subjektiv, persönlich und situationsabhängig ist, gibt es in ihr keine allgemein verbindlichen Maßstäbe, sondern nur die persönliche Suche nach dem Gleichgewichtszustand, der inneren Harmonie. Aristoteles' Ethik des guten Lebens strebt ein durch Vernunft bestimmtes Mittelmaß an.

Wie schwierig und kontrovers allerdings aufgrund der subjektiven Beurteilung die Übertragung auf Einzelphänomene ist, zeigt unser heutiger

Umgang mit den Flüchtlingsströmen, die sich über die europäischen Länder ergießen. Wir erleben gegenwärtig eine seit den Völkerwanderungen des Altertums nie dagewesene Migration, bei der schätzungsweise 18 Millionen Menschen auf der Flucht sind, teils vor Krieg und Verfolgung, teils vor Armut und auf der Suche nach einem besseren Leben, nach ausreichender Nahrung, Wasser und Wohlstand. Es handelt sich nicht nur um die definitorisch festgelegten Asylanten, die aus Gründen der politischen Überzeugung, des religiösen Glaubens, der Zugehörigkeit zu einer bestimmten Rasse u.ä. verfolgt werden, sondern um sogenannte Wirtschaftsflüchtlinge auf der Suche nach einem besseren Leben, da in ihren Ländern Korruption und Hoffnungslosigkeit auf Besserung der Zustände herrschen. Auffällig viele junge, starke, kräftige und robuste Männer machen sich auf den Weg nach Europa, nicht selten, indem sie Frauen und Kinder zur Seite schieben oder auf Booten auf die schlechteren und gefährlicheren Plätze verweisen, so dass diese oft bei Havarien benachteiligt sind und ertrinken. Oder es werden unmündige Kinder auf den Weg geschickt, um eine Familiennachführung zu erzwingen. Es herrscht das biologische Prinzip *survival of the fittest* in seiner schlechtesten Auslegung. Die meistfrequentierten und angestrebten Länder sind die USA, die von Süden von Mexiko aus überrannt werden, so dass selbst ein Zaun die Immigration nicht abhalten kann, andererseits die europäischen Länder, und hier vor allem Italien, das für die Mittelmeerüberquerung von Afrika günstig gelegen ist und schnell zu erreichen. Die meisten illegalen Einwanderer zieht es jedoch nach Deutschland aufgrund seiner attraktiven Sozialgesetzgebung, die großzügige finanzielle Unterstützung gewährt, ohne dass die Immigranten zur Arbeit verpflichtet wären. Allein im ersten Quartal 2023 stellten 87'077 Personen Anträge auf Asyl, 80,3 % mehr als im Vorjahr. Länder, Regionen, Kommunen sind inzwischen hoffnungslos überfordert, da nicht genügend Unterkünfte, Kindergärten, Schul- und Berufsausbildungsplätze zur Verfügung stehen und gestellt werden können. In manchen Gegenden und Dörfern hat sich das Verhältnis zwischen Einheimischen und Fremden umgekehrt, so dass nicht selten zwei oder drei Immigranten auf einen Einheimischen kommen und bei diesem das Gefühl erzeugen, nicht mehr im eigenen Land zu wohnen. Waren die Kriegsflüchtlinge aus der Ukraine zunächst herzlich willkommen und sind es immer noch, wofür sich das Bild vom Münchner Hauptbahnhof 2015 mit der herzlichen Willkommenskultur Geflüchteter ins kollektive Gedächtnis eingebrannt hat, so hat sich das Blatt gegenüber den Wirtschaftsflüchtlingen inzwischen gewendet und ist ins Gegenteil umgeschlagen. Das Sprichwort geht um „Das Boot ist voll". Während bei einem Teil der Regierung, vor allem den Grünen und Sozialdemokraten, und einem Teil der einheimischen Bevölkerung der Humanitätsgedanke weiterhin überwiegt, widersetzt sich ein anderer Teil mit ebenso berechtigten Ansprüchen nach Selbsterhalt und Erhaltung der öffentlichen Ordnung. Selbst in dem für seine Offenheit und Toleranz bekannten Schweden musste jetzt das Militär eingreifen, um die Bandenkriminalität der illegal Eingewanderten einzudämmen, die aus Ländern mit anderen Wertvorstellungen und anderen Einstellungen zu Gewalt und Brutalität kommen und wahllos auf die Bevölkerung schießen. So stehen sich zwei gegenläufige Tendenzen gegenüber. In dieser Situation erschallt immer wieder der Ruf „Seid vernünftig!“ oder „Lasst Vernunft walten!“, was meint: „Nichts zu sehr!“, „Mäßigt, begrenzt euch!“, vorausgesetzt, man will auf beiden heterogenen Seiten zusammenkommen. Vernünftigkeit zielt auf die aristotelische Mitte, die Maßhalten und Selbstdisziplinierung bedeutet und somit mit Verzicht einhergeht, auch wenn dies in der Moderne zu einem Fremdwort geworden ist. Bei einer Vielzahl von Individuen mit je unterschiedlichen Charakteren und Bildungsständen scheint Verzicht ein Ding der Unmöglichkeit zu sein, zumindest ist es aus der Mode gekommen.

Was ist in diesem konkreten Fall das rechte Maß zwischen Selbsterhalt und Humanität Anderen gegenüber? Spielt man die Möglichkeiten durch, so sieht man gerade anhand der aristotelischen Theorie die Schwierigkeiten.

Die aristotelische Theorie läuft auf eine totale Relativität hinaus.

Legt man als Maßstab für die Fixierung von gut und schlecht sowie maßvoll die persönliche Identität zugrunde, wie es von Aristoteles beabsichtigt ist, so wechselt sie innerhalb des Lebens einer Person, ist in der unerfahrenen Jugend selbstverständlich anders als im reifen Alter. Zudem ist sie abhängig von der individuellen Konstitution, der körperlichen, psychischen und mentalen Verfassung, von Charakter, Einstellung, Umwelteinflüssen, Erziehung und Gewöhnung, kurzum von einer Reihe von Faktoren, die nicht in der Person selbst liegen, sondern außerhalb derselben und wechseln. Wenn selbst während der Lebenszeit einer Person die Werte unterschiedlich ausfallen, kann als Garant maßvollen Handelns und Verhaltens nur die Ehrlichkeit der Person und ihre Anstrengung sich selbst gegenüber gelten.

Legt man als Rahmen eine bestimmte Kultur, z.B. die deutsche oder, etwas allgemeiner, die westliche Wertewelt zugrunde, sowie man in der Medizin von einer Norm spricht, etwa einer bestimmten Größe des Menschen, die innerhalb eines Spielraums variabel ist (weder Zwergwuchs noch Riesengröße à la Langer Peter), oder spricht man von normalem Blutdruck, Zuckerwerten, Leberwerten usw. und entsprechend in der Ethik von Normalverhalten, so ist die Bandbreite dennoch extrem weit. Zudem fallen die Festlegungen von gut und schlecht sowie maßvoll in Gesellschaften unterschiedlich aus, in einer Überflussgesellschaft anders als in einer Armutsgesellschaft.

Und berücksichtigt man schließlich die kulturelle Heterogenität, dann ist es sogar denkbar, dass gut und schlecht und damit auch maßvoll zwischen den Kulturen konträr ausfallen. Man denke an die Wertvorstellungen von

Naturethnien mit Kopfjagd, für die Tötung nicht verwerflich ist, so wenig wie in früheren Zeiten die Tötung des Gegners verboten oder verpönt war (altägyptisches, römisches Reich), und der modernen westlichen Kultur, die Tötung grundsätzlich negativ beurteilt und für verwerflich hält und daher auch die Todesstrafe für Delinquenten abgeschafft hat. In jeder Gesellschaft gelten andere Regeln und Vorstellungen. Auch die Berufung auf zivilisatorische Werte gegenüber naturhaften, trägt nicht weiter, da zivilisatorische Werte oft verlogen und heuchlerisch sind.

Die Konsequenz für die Kontroverse: Mensch oder Roboter bzw. Natur oder Kl oder die Vermittlung beider ist daher völlig offen und von ganz persönlichen und kulturellen Bedingungen abhängig. Mag die fortschrittsorientierte Jugend gegenwärtig voll auf Kl abfahren, während die traditionell konservativen Alten eher das Natürliche präferieren, so kann die Entscheidung nach einer gewissen Zeit der Ernüchterung und der Erfahrung von Rückschlägen oder Nachteilen und Beschwernissen völlig anders ausfallen. Einen eindeutigen Maßstab oder eine eindeutige Empfehlung gibt es nicht.

Das wirft auch Licht auf den Vernunftbegriff, von dem wir ausgingen. Vernunft ist im 20./21. Jahrhundert nach den Erfahrungen von Kolonialismus, Holocaust, zweier Weltkriege und etlicher Genozide – gegenwärtig des Dramas im Gaza-Streifen im Krieg zwischen Israelis und Palästinensern, das der Generalsekretär der Vereinten Nationen António Guterres „die Krise der Menschheit“ nannte –, nicht mehr als einheitliche, ganzheitliche vorzustellen möglich wie in der Antike, die darin einen organischen Zusammenhang, ein einheitliches Ganzes sah. Wir können nur noch von einem relativen Begriff sprechen, der je nach Kultur und Ansicht unterschiedlich ausfällt. Daher ist auch keine Herrschaft der Vernunft über Triebe und Begierden möglich, sondern, wenn überhaupt, nur das bescheidenere Ringen um eine solche. Und schon gar nicht bietet KI einen zureichenden Ersatz für Vernunft.

Literatur

A Christian Thinktank: Good question – is Genesis merely a rip-off of other ANE lit? (https://www.christian-thinktank.com/gilgymess.html).

Abel, Günter: *Interpretationswelten*. Gegenwartsphilosophie jenseits von Essentialismus und Relativismus, Frankfurt a. M. 1995.

Agrippa von Nettesheim, Heinrich Cornelius: *De occulta philosophia libri tres*, hrsg. von V. Perrone Compagni (*Studies in the History of Christian Thought*, Bd. 48), Leiden 1992 (Erstausgabe Köln 1533).

Aristoteles: *Nikomachische Ethik*, auf der Grundlage der Übersetzung von Eugen Rolfes hrsg. von Günther Bien, Hamburg 1972.

Armstrong, Karen: *Eine kurze Geschichte des Mythos* (Titel der Originalausgabe: *A Short History of Myth*, Edinburgh 2005), aus dem Englischen von Ulrike Bischoff, München 2007.

Artikel: *Künstliche Intelligenz*, in: *Wikipedia*, https://de.wikipedia.org/wiki/Künstliche_Intelligenz.

Artikel: *Kleidung, Kopfbedeckung, Leinen*, in: *Reallexikon der Assyriologie* [ab Bd. 3 *und der Vorderasiatischen Archäologie*], hrsg. von Erich Ebeling und Bruno Meissner u.a., Bd. 1 ff., Berlin, Leipzig u.a. 1928 ff., Bd. 6, Berlin, New York 1980-1983, S. 31 f., 197 ff., 583 ff.

Bacon, Lord Franz: *Über die Würde und den Fortgang der Wissenschaften*, verdeutschet und hrsg. von Johann Hermann Pfingsten, Pest 1783 (Reprographischer Nachdruck Darmstadt 1966).

Bacon, Francis: *Neues Organon*, hrsg. und mit einer Einleitung von Wolfgang Krohn, lateinisch – deutsch, Hamburg 1990.

Bartneck, Christoph, Lütge, Christoph, Wagner, Alan R., Welsh, Sean: *Ethik in KI und Robotik*, München 2019.

Beaux, Nathalie: *Le Cabinet de curiosités de Thoutmosis III*. Plantes et animaux du ‚Jardin botanique' de Karnak, Leuven 1990.

Berger, Peter L. und Luckmann, Thomas: *Die gesellschaftliche Konstruktion der Wirklichkeit*, Frankfurt a. M. 1969.

Betrò, Marilina: *Zoologia e Botanica*, in: *La Storia della Scienza*, Bd. 1, Rom 2001, S. 134-149.

Biggs, Bruce Grandison: *Maori Myths and Traditions*, in: Alexander HareMcLintock (Hrsg.): *An Encyclopaedia of New Zealand*, Wellington 1966, S. 447-454, auch online https://teara.govt.nz/en/1966/maori-myths-and-traditions.

Bocheński, Joseph Maria: *Formalen Logik*, Freiburg, München 1956.

Brandolisi, Alessandro, Leitl, Michael, Golta, Michael: *AI Toolbook. Mit Künstlicher Intelligenz die Zukunft sichern*. Das unverzichtbare Arbeitsbuch für Macher, Entscheider und Innovatoren, Hamburg 2021.

Breuer, Ingeborg: *Wo bleibt der Mensch, wenn die Roboter kommen?*, in: *Deutschlandfunk*. Aus Kultur und Sozialwissenschaften, 2.6.2016, https://www.deutschlandfunk.de/die-vierte-industrielle-revolution-wo-bleibt-der-mensch-100.html.

Briggs, John, Peat, F. David: *Die Entdeckung des Chaos*. Eine Reise durch die Chaos-Theorie mit vielen Illustrationen (Titel der Originalausgabe: *Turbulent Mirror*. An Illustrated Guide to Chaos Theory and the Science of Wholeness, New York 1089), aus dem Amerikanischen von Carl Carius unter wissenschaftlicher Beratung von Peter Kafka, Wien 1990.

Campbell, Joseph: *Historical Atlas of World Mythology*, Vol. 2: *The Way of Animal Powers*, Part 1: *Mythologies of the Primitive Hunters and Gatherers*, New York 1988.

Campbell, Joseph und Moyers, Bill: *Die Kraft der Mythen* (Titel der Originalausgabe: *The Power of Myth*, New York 1988), Zürich 1989.

Cohen, Michael K., Hutter, Marcus und Osborne, Michael A.: *Advanced artifical agents intervene in the provision of reward*, in: *AI Magazine.*, Vol.43, Issue 3, S. 282-293, https://doi.org/10.1002/aaai.12064.

Creuzer, Georg Friedrich: *Symbole und Mythologie der alten Völker, besonders der Griechen*, 1. Teil, 3. verbesserte Ausgabe Leipzig, Darmstadt 1837, Hildesheim, New York 1973.

de Grey, Aubrey, Rae, Michael: *Ending Aging*, St. Martin's Press 2007.

Derrida, Jacques: *Grammatologie* (Titel der Originalausgabe: *De la grammatologie*, Paris 1967), aus dem Französischen von Hans-Jörg Rheinberger und Hanns Zischler, Frankfurt a. M. 1974.

Descartes, René: *Discours de la Méthode / Von der Methode* des richtigen Vernunftgebrauchs und der wissenschaftlichen Forschung, übersetzt und hrsg. von Lüder Gäbe, Hamburg 1960.

Die Fragmente der Vorsokratiker, griechisch und deutsch von Hermann Diels, hrsg. von Walther Kranz; Bd. 1, 18. Aufl. Hildesheim 1989.

Die Wurzeln des Yoga – Die Yoga-Sutren des Patañjali mit einem Kommentar von P. Y. Deshpande, mit einer neuen Übertragung der Sutren aus dem Sanskrit, hrsg. von Bettina Bäumer, Bern, München, Wien 1976.

Dietrich, Jan: *Grenzen ziehen, Begriffe bestimmen und kritische Fragen stellen*, in: Konrad Schmid (Hrsg.): *Heilige Schriften in der Kritik*, XVII. Europäischer Kongress für Theologie (5.-8. Sept. 2021 in Zürich), Leipzig 2022, S. 219-236.

Dietrich, Jan: *Listenweisheit im Buch Levitikus*. Überlegungen zu den Taxonomien der Priesterschrift, in: ders.: *Hebräisches Denken*. Denkgeschichte und Denkweisen des Alten Testaments, Göttingen 2022, S. 101-119.

Edzard, Dietz Otto: *Sumerisch-akkadische Listenwissenschaft und andere Aspekte altmesopotamischer Rationalität*, in: Karen Gloy (Hrsg.): *Rationalitätstypen*, Freiburg, München 1999, S. 246-267.

Eibl-Eibesfeld, Irenäus: *Die Biologie des menschlichen Verhaltens*, Grundriß der Humanethologie München 1984, 1995. Dritte, überarbeitete und erweiterte Aufl. Weyarn 1997, S. 628.

Eliade, Mircea: *Die Religion und das Heilige*. Elemente der Religionsgeschichte (Titel der französischen Originalausgabe: *Traité d'histoire des religions*, Paris 1949), Frankfurt a. M. 1986.

Eliade, Mircea: *Kosmos und Geschichte*. Der Mythos der ewigen Wiederkehr (Titel der französischen Originalausgabe *Le Mythe de l'éternel retour*. Archétypes et répétition, Paris 1949), Frankfurt a. M. 1984.

Eliade, Mircea: *Mythen, Träume und Mysterien* (Titel der französischen Originalausgabe: *Mythes, rêves et mystères*, Paris 1957), Salzburg 1961.

Eliade, Mircea: *Yoga*. Unsterblichkeit und Freiheit (Titel der Originalausgabe *Le Yoga*, Paris), aus dem Französischen übersetzt von Inge Köck, Zürich 1960, weitere Aufl. Frankfurt a. M. 1985.

Enuma eliš, http://www.mneuhold.at/biblica/enuma_elisch.html.

F. Lactantius: *Opera Omnia*, recensuerunt S. Brandt et G. Laubmann, Pars II, Fasciculus 1, Prag, Wien, Leipzig 1893.

Fisher, Len: *Schwarmintelligenz*. Wie einfache Regeln Großes möglich machen (Titel der Originalausgabe *The Perfect Swarm*. The Science of Complexity in Everyday Life, 2009) aus dem Englischen von Jürgen Neubauer, Frankfurt a. M. 2010.

Foley, William A.: *The Papuan languages of New Guinea*, Cambridge University Press 1986.

Foucault, Michel: *Die Ordnung der Dinge*. Eine Archäologie der Humanwissenschaften (Titel der Originalausgabe *Les mots et les choses*, 1966), aus dem Französischen von Ulrich Köppen, Frankfurt a. M. 1974, 10. Aufl. 1991.

Galilei, Galileo: *Le Opere*, ristampa della Edizione Nazionale, hrsg. von Antonio Favaro, 20 Bde., Florenz 1929-1939, Bd. 6.

Gardiner, Alan Henderson: *Ancient Egyptian Onomastica,* 3. Bde., Oxford 1947.

Gebser, Jean: *Ursprung und Gegenwart*, Bd. 1, Schaffhausen 1986, 2. Aufl. 1999.

Geyer, Carl-Friedrich: *Mythos*. Formen – Beispiele – Deutungen, München 1996.

Gilgamesch. Aus dem Babylonischen übersetzt und mit einem Nachwort versehen von Stefan M. Maul, München 2007.

Gloy, Karen: *Georg Wilhelm Friedrich Hegel: Vorlesungen über Logik und Metaphysik*, Heidelberg 1817. Mitgeschrieben von F. A. Good, Hamburg 1992.

Gloy, Karen: *Vernunft und das Andere der Vernunft,* Freiburg, München 2001.

Gloy, Karen: *Kulturüberschreitende Philosophie,* Das Verständnis unterschiedlicher Denk- und Handlungsweisen, München 2012.

Gloy, Karen: *Wahrheit und Lüge,* Würzburg 2019.

Gloy, Karen: *Alterität*. Das Verhältnis von Ich und dem Anderen, Leiden, Boston, Singapore, Paderborn 2019.

Gloy, Karen: *Das Projekt interkultureller Philosophie aus interkultureller Sicht*, Würzburg 2022.

Gloy, Karen: *Was ist Schönheit?* Würzburg 2022.

Gloy, Karen: *Formen der Machtausübung,* Würzburg 2023.

Goethe, Johann Wolfgang: *Werke* (Hamburger Ausgabe), Bd. 1, Hamburg 1949, 6. Aufl. 1962.

Goodall, Jane: *Tool Using and Aimed Throwing in a Community of Free-Living Chimpanzees*, in: *Nature,* Bd. 201 (1964), S. 1264-1266.

Grey, George: *Polynesian Mythology, and ancient traditional history of the New Zealand race, as furnished by their priests and chiefs,* London 1855.

Gugerli, David: *Wie die Welt in den Computer kam*. Zur Entstehung digitaler Wirklichkeit, Frankfurt. a. M. 2018.

Habermas, Jürgen: *Vorbereitende Bemerkungen zu einer Theorie der kommunikativen Kompetenz,* in: Jürgen Habermas, Niklas Luhmann: *Theorie der Gesellschaft oder Sozialtechnologie*, Frankfurt a. M. 1971.

Habermas, Jürgen: *Theorie des kommunikativen Handelns*, Bd. 1: *Handlungsrationalität und gesellschaftliche Rationalisierung,* Frankfurt a.M. 1981, neue Aufl. 1988 (die vorliegende Ausgabe folgt dem Text der 4., durchgesehenen Aufl. 1987, S. 47).

Häusser, Philip: *Natürlich alles künstlich* – Was Künstliche Intelligenz kann und was (noch) nicht – KI erklärt für alle, München 2021.

Hegel, Georg Friedrich: *Enzyklopädie der philosophischen Wissenschaften im Grundrisse,* Einleitung, § 15, in: G.W.F. Hegel: *Werke* in 20 Bden (Theorie-Werkausgabe). Auf der Grundlage der Werke von 1832-1845 neu edierte Ausgabe. Redaktion Eva Moldenhauer und Karl Markus Michel, Frankfurt a. M. 1970.

Heidegger, Martin: *Sein und Zeit*, 18. Aufl. Tübingen 2001.

Heidegger, Martin: *Was ist das – die Philosophie?* 1950, Pfullingen 1956.

Herrigel, Eugen: *Zen in der Kunst des Bogenschiessens*, München-Planegg, 8. Aufl. 1959.

Herrmann, Andreas und Brenner, Walter: *Die autonome Revolution.* Wie selbstfahrende Autos unsere Staßen erobern, Frankfurt a. M. 2018.

Herter, Hans: *Platons Akademie*, 2. Aufl. Bonn 1952.

Hoffmann, Friedhelm: *Das Göttliche in der Natur – Biologie im alten Ägypten*, in: Matthias Grünewald-Gymnasium Würzburg: *Jahresbericht 2004/2005*, Würzburg 2005, https://archiv.ub.uni-heidelberg.de/propylaeumdok/volltexte/2011/896, S. 196-205.

Hofmann, Heinz (Hrsg.): *Antike Mythen in der europäischen Tradition*, Tübingen 1999.

Homer: *Ilias*, griechisch - deutsch, verantwortlich für den griechischen Text Eduard Schwartz, Bearbeiter der klassischen Übersetzung von Johann Heinrich Voss, E. R. Weiss und Hans Rupé, Abstimmung des griechischen und deutschen Textes Martin Bertheau, hrsg. von Bruno Snell, Berlin, Darmstadt 1956, wiederholte Aufl. 1966.

Howald, Ernst: *Die Platonische Akademie und die moderne Universitas litterarum*, Bern 1921.

Huizinga, Johan: *Homo ludens.* Versuch einer Bestimmung des Spielelements der Kultur, 3. Aufl. Amsterdam 1940.

Huizinga, Johan: *Homo ludens.* Vom Ursprung der Kultur im Spiel, Reinbeck b. Hamburg 1956, wiederholte Aufl. 1963.

Hume, David: *A Treatise of Human Nature*, Vol. I, introduction by A. D. Lindsay, London, New York 1911, repr. 1961.

John, P. J., Sharma, Neha, Sharma, Chandra M., Kankane, Arvind: *Effectiveness of yoga therapy in the treatment of migraine without aura: a randomized controlled trial*, in: *Headache.* Bd. 47 (Mai 2007), S. 654-661.

Jürgens, Hartmut, Peitgen, Heinz-Otto und Saupe, Dietmar: *Fraktale* – eine neue Sprache für komplexe Strukturen, in: *Chaos und Fraktale.* Spektrum der Wissenschaft, verständliche Forschung Heidelberg 1989, S. 106-118.

Kant, Immanuel: *Kritik der praktischen Vernunft*, hrsg. von Karl Vorländer, Hamburg unveränderter Nachdruck 1963 der 9. Aufl. von 1929.

Kerényi, Karl: *Die Eröffnung des Zugangs zum Mythos.* Ein Lesebuch, Darmstadt 1976.

Khalsa, Sat Bir S.: *Treatment of chronic insomnia with yoga*: a preliminary study with sleeep-wake diaries, in: *Applied Psychophysiology and Biofeedback*, Bd. 29, Nr. 4 (Dez. 2004), S.269-278.

Kleine-Gunk, Bernd und Metka, Markus: *Auf der Suche nach Unsterblichkeit – Die Geschichte der Anti-Aging-Medizin von der Antike bis heute*, Wien 2010.

Kleine-Gunk, Bernd, Sorgner, Stefan Lorenz: *Homo ex machina.* Der Mensch von morgen. Chance und Risiken des Transhumanismus, München 2023.

Kleist, Heinrich von: *Über das Marionettentheater*, in: *Sämtliche Werke und Briefe*, Bd. 2, hrsg. von Helmut Sembdner, 2., vermehrte und auf Grund der Erstdrucke und Handschriften völlig revidierte Aufl. München 1961, S. 338-345.

Kohl. Karl-Heinz (Hrsg.): *Mythen im Kontext.* Ethnologische Perspektiven, Frankfurt a. M., New York 1992.

König, Wolfgang: *Technikgeschichte.* Eine Einführung in ihre Konzepte und Forschungsergebnisse, Stuttgart 2009; ders. (Hrsg.): *Technikgeschichte*, Stuttgart 2009.

Kozasa, Elisa Harumi, Ferreira Santos, Ruth, Rueda, Adriana Dourado, Benedito-Silva, Ana Amélia, De Ornellas, Felipe Leite Moraes, Leite, José Roberto: *Evaluation of Siddha Samadhi Yoga for anxiety and depression symptoms:* a preliminary study, in: *Pychological reports*, Bd. 103, Nr. 1 (August 2008), S. 271-274.

Kues, Nikolaus von: *Philosophisch-theologische Schriften*, hrsg. und eingeführt von Leo Gabriel, übersetzt und kommentiert von Dietlind und Wilhelm Dupré, Studien- und Jubiläumsausg., lateinisch-deutsch, 3 Bde. Wien 1964-1967.

Kurzweil, Ray, Grossman, Terry: *Fantastic Voyage:* Live Long Enough to Live Forever, Emmaus, PA 2004.

Lambert, Wilfred G.: *Götter* in: *Reallexikon der Assyriologie*, Bd. 3, Berlin, New York 1957-1971, S. 473 ff..

Landsberger, Benno unter Mitwirkung von Ingo Krumbiegel: *Die Fauna des alten Mesopotamien* nach der 14. Tafel der Serie Ḫarra = Hubullu, Leipzig 1934.

Leick, Gwendolyn: *The Invention of the City*, London 2001.

Leisegang, Hans: *Denkformen*, Berlin, Leipzig 1928.

Lem, Stanislaw: *Summa Technologiae* (Titel der Originalausgabe *Summa Technologiae*, Krakau 1964) aus dem Polnischen übersetzt von Friedrich Griese, Frankfurt a. M. 1981.

Lenski, Gerhard Emmanuel: *Power and Privilege*. A Theory of Social Stratification, New York 1966; ders., Jean Lenski: *Human Societies*. An Introduction to Macrosociology, 2. Aufl. New York 1974.

Lesher, James H.: *The Meaning auf NOYΣ in the Posterior Analytic*, in: *Phronesis*, Bd.18 (1973), S. 44-68.

Lévi-Strauss, Claude: *Das Ende des Totemismus*, deutsch von Hans Naumann, Frankfurt a. M. 1965.

Lévi-Strauss, Claude: *Strukturale Anthropologie 1*, deutsch von Hans Naumann, Frankfurt a. M. 1967.

Lévi-Strauss, Claude: *Mythologica* 1- 4, deutsch von Eva Moldenhauer, Frankfurt a. M. 1971-1975.

Lévi-Strauss, Claude: *Die elementaren Strukturen der Verwandtschaft*, deutsch von Eva Moldenhauer, Frankfurt a. M. 1981.

Lévi-Strauss, Claude: *Mythos und Bedeutung*. Fünf Radiovorträge, Gespräch mit Claude Lévi-Strauss, hrsg. von Adelbert Reif, Frankfurt a. M. 1980.

Litke, Richard: *A reconstruction of the Assyro-Babylonian God-lists An: Da-Nu-Ur and An: Anu-Sa-Ameli*, Diss. Yale University 1958.

Longacre, Robert E.: *Hierarchy and universality of discourse constituents in New Guimea languages*, Vol. 1: Discussion, Washington, Georgetown University Press 1972.

Mader, Elke: *Anthropologie der Mythen*, Wien 2008.

Metareligion: Genesis and Enuma elish creation myth comparisons (https://www.meta-religion.com/World_Religions/Ancient_religions/Mesopotamia/genesis_and_enuma_elish_creation.htm).

Metz, Karl Heinz: *Ursprünge der Technik*. Die Geschichte der Technik in der westlichen Zivilisation, Paderborn 2006.

Microsoft erklärt: Was ist Künstliche Intelligenz? Definition und Funktionen von Johanna Ronsdorf, 4. März 2020.

Mieroop, Marc van de: *What is knowledge?* A Babylonian Answer, in: *Ancient Epistemologies*, Reihe: *Orientalische Religionen in der Antike* (ORA) im Druck.

Misselhorn, Catrin: *Künstliche Intelligenz und Empathie*. Vom Leben mit Emotionserkennung, Sexrobotern & Co., Ditzingen 2021.

Nestle, Wilhelm: *Vom Mythos zum Logos*. Die Selbstentfaltung des griechischen Denkens von Homer bis auf die Sophistik und Sokrates, 2. Ausg. Stuttgart 1940.

Niehaus, Michael: *Das bessere Argument*. Eine Anmerkung zur Logik des Argumentierens bei Jürgen Habermas, in: *Philosophisches Jahrbuch* (Berichte und Diskussionen), 105. Jahrgang II (1998), S. 412-422.

Orbell, Margaret: *A Concise Encyclopedia of Māori Myth and Legend*, Canterbury University Press, Christchurch 1998.

Paffrath, Tharsicius: *Zur Götterlehre in den altbabylonischen Königsinschriften*. Mit einem ausführlichen Register der auf die altbabylonische Götterlehre bezüglichen Stellen, Paderborn 1913.

Paul, Gregor: *Konzepte der Kritik und der kritischen Diskussion im älteren Konfuzianismus. Thesen zur Entwicklung eines universalen Rationalitätsbegriffs,* in: *Conceptus,* Bd. 20, Nr. 50 (1986), S. 7-30.

Paul, Gregor: *Equivalent Axioms of Aristotelian*, or Traditional European, and later Mohist Logic, in: Hans Lenk und Gregor Paul (Hrsg.): *Epistemological Issues in Classical Chinese Philosophy*, New York, 1993, S. 119-135.

Paul, Gregor: *Argumente für die Universalität der Logik.* Mit einer Darstellung äquivalenter Axiome aristotelischer Syllogistik, spätmohistischer Logik und buddhistischer Begründungstheorie, in: *Horin,* Nr. 1 (1994), S. 57-86.

Paul, Gregor: *Logik, Verstehen und Kulturen*, in: Notker Schneider, Ram Adhar Mall und Dieter Lohmann (Hrsg.): *Einheit und Vielheit*. Das Verstehen der Kulturen (*Studien zur interkulturellen Philosophie*, Bd. 9), Amsterdam 1998, S. 111-132.

Penrose, Roger: *Schatten des Geistes*. Wege zu einer neuen Physik des Bewußtseins, Berlin, Oxford, Heidelberg 1995.

Petschow, Herbert: *Zur Systematik und Gesetzestechnik im Codex Hammurabi,* in: *Zeitschrift für Assyriologie und Vorderasiatische Archäologie*, Bd. 57 (1965), S. 146-172.

Picatrix. Das Ziel des Weisen von Pseudo-Magriti, translated into German from the Arabic by Hellmut Ritter and Martin Plessner (*Studies of the Warburg Institute*, Vol. 27), London 1962.

Platon: *Sämtliche Werke*, in der Übersetzung von Friedrich Schleiermacher und Hieronymus Müller, hrsg. von Walter F. Otto, Ernesto Grassi, Gerd Plamböck, 7 Bd., Reinbek b. Hamburg 1957-1959, wiederholte Auflage.

Poser, Hans (Hrsg.): *Philosophie und Mythos*. Ein Kolloquium, Berlin, New York 1979.

Precht, Richard David: *Künstliche Intelligenz und der Sinn des Lebens*, München 2020.

Rolland, Romain: *Un beau visage à tous sens*. Choix de lettres de Romain Rolland (1886-1944), Préface de André Chamson, Paris 1967.

Sallaberger, Walther: *Der babylonische Töpfer und seine Gefässe*. Nach Urkunden altsumerischer bis altbabylonischer Zeit sowie lexikalischen und literarischen Zeugnissen, Ghent 1996.

Schelling, Friedrich Wilhelm Joseph: *Die Weltalter*, in: *Werke*, hrsg. von Karl Friedrich August Schelling, 1. Abteilung, 10 Bde., Stuttgart, Augsburg 1856-1861.

Schmitz, Hermann: *System der Philosophie*, Bd. II,1: Der Leib, Bonn 1965.

Shannon, Claude: *A Mathematical Theory of Communication*, in: *The Bell System Technical Journal*, 27,3 (1948), S. 379-423.

Sorgner, Stefan Lorenz: *Transhumanismus*. „Die gefährlichste Idee der Welt?", Freiburg 2016.

Sorgner, Stefan Lorenz: *Schöner neuer Mensch,* Berlin 2018.

Statista. https://de.statista.com/statistik/daten/studie/1783/umfrage/durchschnittliche-weitere-lebenserwartung-nach-altersgruppen.

Sturm, Hans P.: *Tetralogos – Ein erster Versuch.* Die vier Positionen der Aussage und die vier Glieder des Geistes in der *Mândûkya-Upanishad* und der *ars coniecturalis* des Nicolaus Cusanus, in: *Studien zur interkulturellen Philosophie*, Bd. 9 (1998), S. 85-98.

Thompson, R. Campell: *A Dictionary of Assyrian Chemistry and Geology*, Oxford 1936.

Thompson, R. Campbell: *A Dictionary of Assyrian Botany*, London 1949.

Tworuschka, Monika und Udo: *Als die Welt entstand* ...Schöpfungsmythen der Völker und Kulturen in Wort und Bild, Frankfurt a. M., Basel, Wien 2005.

van de Mieroop, Marc: *What is Knowledge*? A Babylonian Answer, im Druck.

van Enk, Gerrit J. and de Vries, Lourens: *The Korowai of Irian Jaya.* Their Language in Its Cultural Context, New York, Oxford 1997.

Virilio, Paul: *L'inertie polaire.* Essai, Paris 1990, deutsch: *Rasender Stillstand.* Ein Essay, aus dem Französischen übersetzt von Bernd Wilczek, München 1992.

von Weizsäcker, Carl Friedrich: *Aufbau der Physik*, München 1985.

Weber, Max: *Wirtschaft und Gesellschaft.* Grundriss der verstehenden Soziologie, Tübingen 1921, 5., revidierte Aufl., besorgt von Johannes Winckelmann, Tübingen 1980.

Weir, Alex A. S., Chappell, Jackie and Alex Karelnik: *Shaping of Hooks in New Caledonia Crows*, in: *Science*, Bd. 297, Nr. 5583 (2002), S. 911.

White, Leslie A.: *The Evolution of Culture.* The Development of Civilization to the Fall of Rome, New York, Toronto, London 1959.

„Wie ein Schweizer Taschenmesser". Ein Interview Noah Bubenhofers mit dem Philosophen Hans-Johann Glock und dem Computerlinguisten Rico Sennrich, wie Chatbots Wissenschaft, Universität und Arbeitsalltag verändern könnten", in: *Teamwork,* UZHmagazin, Universität Zürich, Nr. 2 (2023), S.60-65.

Yogendra, J., Yogendra, Hansaji J., Ambardekar, S., Lele, R. D., Shetty, S., Dave, M., Husein, Naaznin: *Benefical effects of yoga lifestyle on reversibility of ischaemic heart disease*: caring heart project of international Board of Yoga, in: *The Journal of the Association of Physicians of India*, Bd. 52 (April 2004), S. 283-289.

Zimmer, Heinrich: *Indische Mythen und Symbole.* Schlüssel zur Formenwelt des Göttlichen (Titel der Originalausgabe *Myths and Symbols in Indian Art and Civilization,* New York), aus dem Englischen übertragen von Ernst Wilhelm Eschmann, 4. Aufl. München 1991.

Index

Personen

Sachen